당신의 꿈은 안녕하신가요?

당신의 꿈은 안녕하신가요?

초판 1쇄 인쇄 | 2019년 08월 05일
초판 1쇄 발행 | 2019년 08월 15일

발행인 | 이혁백

지은이 | 제준

만든 사람들
책임 편집 김경섭 | **감수** 홍민진 · 나은비 | **마케팅** 박현정 · 최윤호 · 박찬웅 | **홍보** 백광석
디자인 박정호 | **인쇄 및 제본** 예림 인쇄

펴낸 곳
출판사 센세이션 | **출판등록** 2017년 10월 31일(제 000312호)
주소 서울시 강남구 논현동 9-18 4F, 5F | **전화** 02-518-7191 | **팩스** 02-6008-7197
이메일 240people@naver.com | **홈페이지** www.shareyourstory.co.kr

값 14,800원 | **ISBN** 979-11-90067-04-1

MAKE UP YOUR
SENSATION

이 도서의 국립중앙도서관 출판예정도서목록(CIP)은 서지정보유통지원시스템
홈페이지(http://www.seoji.nl.go.kr)와 국가자료공동목록시스템(http://www.nl.go.kr/
kolisnet)에서 이용하실 수 있습니다.(CIP제어번호: CIP2019026860)

열여덟 살 자퇴생의 어른 입문학入文學

당신의 꿈은 안녕하신가요?

제준 지음

MAKE UP YOUR

SENSATION

2020년 7월, 세상에 변화를 만드는 사람이 되었습니다.

2019년 6월, 두 권의 책을 출간했습니다.

2018년 5월, 고등학교를 자퇴했습니다.

2017년 4월, 대안학교에서 공부했습니다.

2016년 3월, 중학교에 다녔습니다.

친구와 노는 것은 재미있었지만, 학교는 재미가 없었습니다. 좁고, 빡빡한 울타리처럼 느껴졌던 학교가 싫어 몇 번의 발버둥도 쳐봤습니다. 그러다 인생과 진로에 대해 고민해야 할 시간이 찾아왔습니다. 저에게는 어떤 삶을 살아갈지에 대한 고민보다는 '어떤 삶이

든 살 수는 있을까'라는 고민이 더 깊었습니다. 그런 저는 1년이라는 시간 동안 저를 찾아보겠다고 대안학교로 떠났습니다.

낯선 것은 늘 무섭습니다. 학교가 아닌 삼청동 정독도서관에 있는 한 교실의 문을 여는 건 정말 어려운 일이었습니다. 제 키보다 조금 더 컸었던 교실 문이 주었던 위압감과 떨림은 잊을 수가 없습니다.

그때의 위압감은 떨림의 위압감이었나 봅니다. 1년이라는 시간동안 대안 학교를 다니고 나서 저는 많이 변했습니다. 노는 것만을 좋아했던 저는 저 자신을 위한 시간을 많이 가졌습니다. 또한, 삶에 대해 진지한 태도를 가지며 많은 생각을 피워내기도 했습니다.

진지한 태도는 당연한 것들을 당연하지 않게 보게 해주었습니다. 저 자신을 위한 시간은 새로운 선택을 할 힘을 만들어주었습니다. 그렇게 고등학교를 자퇴했습니다.

아버지는 주체적인 사람이 되어 하고 싶은 것을 하며 살라는 말씀을 종종 하셨습니다. 아버지는 말을 아껴 행동을 먼저 보여주시는 분입니다. 책을 많이 읽으면 인생을 잘 살 수 있다는 말 대신에 같이 책을 읽고, 독서모임에 나가며 책과 인생에 대한 공부를 했습니다.

어색한 아버지가 제 친구가 되는 과정 한 가운데에 있던 책은 지금 제 인생에 한 가운데 와 있습니다. 처음에는 재미있어서 썼고, 저의 생각이 담긴 이야기가 누군가에게 무언가로서 영향을 끼친다는 게 좋아서 글을 썼습니다. 그 후에는 작가라는 이름을 가지고 짧은 인생을 글로 남기는 게 좋아서 썼습니다. 이제는 저의 완성과 세상의 변화를 위해서 씁니다.

굉장히 짧은 시간동안 많은 일들이 있었습니다.

그 시간들은 거름이 되어 차곡차곡 쌓였습니다. 작은 새싹은 하나의 꽃이 되었습니다. 거름덕분에 꽃을 피울 수 있었습니다. 감사합니다.

- 생각을 쓰는 사람, 제준

목차

PART 1　가차 없이 흐르는 시간이 두렵겠지만
어디로 가고 있는지 몰라 헤매는 나에게

01 잘난 당신이 좋다　　　　　　　　　　　　　_ 14

02 나는 자퇴생이다　　　　　　　　　　　　　_ 19

03 참 재미없게 산다　　　　　　　　　　　　　_ 25

04 질문하기가 참, 어렵다　　　　　　　　　　_ 31

05 도움이라는 이름의 상처　　　　　　　　　　_ 36

06 내 친구 해득이　　　　　　　　　　　　　　_ 41

07 진짜 칭찬받을 만한 일일까?　　　　　　　　_ 46

08 나는 '아싸'다　　　　　　　　　　　　　　　_ 51

09 고민이 많아서 고민이고, 걱정이 많아서 걱정이다　_ 56

10 시간이 부족합니다　　　　　　　　　　　　_ 61

11 나름 잘 살고 있는 것 같네　　　　　　　　_ 66

PART 2　고민이 너무 많아 고민인 요즘
감정을 다루는 게 서투른 나에게

01 18살 자퇴생의 일기　　　　　　　　　　　_ 74

02 앞으로의 50년을 바꾸는 선택　　　　　　　_ 80

03 우리는 우리를 대하는 방법을 모른다　　　　_ 85

04 '공황장애'라는 이름의 사람　　　　　　　　_ 90

05 도와주지 마, 슈퍼맨!!　　　　　　　　　　_ 95

06 있는 그대로 바라보는 게 쉽나 _ 100

07 혼자서는 완벽할 수 없다 _ 105

08 불안을 다루는 기술 _ 110

09 어차피 너 혼자 살 수 없어 _ 115

10 이 길의 끝은 행복일까 _ 120

11 힘 빼기 5년차 _ 125

12 마태복음 6장 34절 _ 130

PART 3 내가 누군지 아는 단 한 사람
결국 끝까지 내 곁에 있어줄 나에게

01 '행복'이라는 말이 없는 나라 _ 138

02 꽃을 만나면 사진을 찍어라 _ 143

03 나를 향한 칭찬이 비난으로 바뀐다면? _ 148

04 사람을 무서워하지만, 사람을 만나는 것은 좋아합니다_ 153

05 내가 나를 제일 모른다 _ 158

06 솔직해서 좋다 _ 163

07 세상에서 제일 좋은 운, 자기다운 _ 168

08 그냥, 포기하고 싶다 _ 173

09 뿌리 깊은 나무가 더 많이 흔들린다 _ 178

10 조심히 말해야만 하는 언어, 조언 _ 183

11 나는 왜 좋은 사람이 되어야 하지? _ 188

PART 4   당신의 꿈은 안녕하신가요?

하고 싶은 게 무엇인지 모르는 나에게

01 밥을 먹다 말고 춤을 춰라 _ 196

02 꿈을 찾으라고는 하면서,

    꿈을 찾을 시간은 아무도 주지 않아 _ 201

03 시작도 안 하면서 뭘 고민했던 거야 _ 206

04 성공의 반대말은, 성장 _ 211

05 자기소개가 너무 싫어요 _ 216

06 죽을 때까지 하고 싶은 것만 하면서 살기 _ 221

07 대한민국 교육 현실에 반격! _ 226

08 가장 중요한 것을 못 보게 만드는 함정 _ 231

PART 5   그때 미처 하지 못한 말

산 날보다 살아갈 날이 많은 나에게

01 이보다 따뜻한 사랑은 없다 _ 238

02 아니, 그나저나 뭐 먹고 살아? _ 243

03 모른다는 것을 모른다는 것 _ 248

04 네가 연예인이야? _ 253

05 나는 '예술가'입니다 _ 259

06 단순히, 생각만 하고 싶지 않다 _ 264

07 적당한 부자가 아닌 엄청난 부자가 되고 싶다 _ 269

08 톱니바퀴에게도 인생이 있다 _ 274

09 책으로 인생을 바꾸는 사람 _ 280

10 Happiness maketh man _ 285

가차 없이 흐르는
시간이 두렵겠지만

어디로 가고 있는지 몰라 헤매는 나에게

01

잘난 당신이 좋다

침대에 누워 이런저런 생각을 하다 보면, 그 끝은 항상 불안이다. '내일 실수하면 어떡하지?', '나중에 밥도 못 먹고 살면 어떡하지?'와 같은 생각들이 나를 괴롭힌다. 실제로 그렇게 될지, 안 될지는 아무도 모르지만 '만약에'라는 가정을 만들면서 걱정에 걱정을 덧붙인다. 걱정의 끈을 놓기가 어려울 때, 나는 습관적으로 핸드폰을 켜 핑크색 아이콘을 누른다.

대체 뭐 하는 사람이길래 팔로워가 이렇게 많은 걸

까. 인스타그램에서는 '팔로우'를 통해 상대의 소식을 받아 볼 수 있다. 좁고도 좁은 게 세상이라고 하지만 이 사람, 저 사람 팔로우하다 보면, 세상이 한없이 넓다는 걸 느낄 수 있다. 나는 사진을 찍는 사람, 예쁜 사람, 자신만의 철학이 있는 사람 그리고 소중한 친구들을 팔로잉하고 있다. 보다 보면 봤던 게 또 나올 때가 있는데 그럴 때는 다른 사람들의 인스타그램을 구경한다.

누구나 매력을 가진 사람에게 끌린다. 특히, 그 매력이 내가 가지지 못한 것이라면 더욱더 그렇다.

한 번은 심심해서 내가 좋아하는 사람들의 이름을 종이에 적어 본 적이 있다. 기억나는 사람들, 즐겨찾기에 있는 사람들, 자주 연락하는 사람들을 종이에 모두 적어 봤다. 신기하게도, 내가 좋아하는 사람들에게는 공통점이 있었다. 그들은 모두 무언가를 가지고 있었다. 내가 말하는 무언가는 돈이나 지위만을 말하는 것이 아닌 사람 그 자체 혹은 개성이라고 불리는 자신만의 매력을 말한다.

매력을 가진 사람은 다른 사람으로부터 사랑을 받는다. 부러움을 사기도 하며 반대로 시기와 질투를 받기도 한다. 나 또한 그렇다. 누군가를 보며 멋있다고 좋아하기도 하지만 가끔은 열등감에 사로잡히기도 한다. 누군가의 슬픔에 공감하는 것보다 행복에 공감하기가 더 어려운 것처럼 누군가의 잘난 점을 인정하고, 응원해 주는 일만큼 어려운 것도 없는 것 같다.

우리는 주로 비교를 통해 인식한다. "내가 입고 있는 옷은 저 옷보다 3배 비싸", "내가 좋아하는 우유는 손바닥보다 커", 자신이 입고 있는 것과 자신이 좋아하는 것을 다른 것들과 비교함으로써 인식한다.

비교의 장점은 딱 한 가지다. 바로 편리함이다. 누군가에게 우유를 설명할 때, 비교를 통해 설명하면 굳이 많은 말을 하지 않아도 쉽게 설명할 수 있다.

과유불급(過猶不及)이라는 사자성어처럼 지나친 것은 미치지 못한 것과 같다. 비교는 누군가에게 어떤 것을 설명할 때 이해를 시키기에 효과적인 도구이지만, 잘못 사용하면 내가 나를 효과적으로 망치는 도구가 된다. 비교의 대상은 물건이 되기도 하고, 시험 점수나 업무 실적 또는 주변의 누군가가 되기도 한다. 나는 인스타그램을 보며 나의 한계를 계속 만들어 냈으며, 내가 가지지 못한 것을 가지고 있는 이를 보면서 '나는 왜 이래?'라고 비관했다. 다른 사람과 끊임없이 비교하며 '다름'을 '틀림'이라고 나도 모르게 자신을 야금야금 갉아먹기도 했다.

'비교'의 사전적 정의는 '둘 이상의 사물을 견주어 서로 간의 공통점, 차이점 따위를 고찰하는 일'이다. '비교'라는 단어가 포함된 문장을 떠올리면 대부분 부정적이다. "비교하지 마", "비교하는 건 나쁜 거야"라는 말을 듣다 보면 비교가 일종의 금기인 양 느껴지기도 한다. 비교의 끝에서 항상 비참해져 있는 나를 만났기에 나 역시도 비교는 하면 안 되는 줄 알았다. 많은 비교를 하며 아파 보니 생각이 달라졌다. **비교는 하지 말아야 하**

는 것이 아닌 해도 괜찮은 것이었다. 우리는 누군가와의 비교를 통해 '더 열심히 살아야지'라며 자극을 받을 수 있다. 비교를 통해 '내가 잘 가고 있는 것이구나' 하고 확신을 얻기도 한다. 또한, 비교를 통해 알게 된 차이점은 단순한 모방이 아닌 나만의 무언가를 만들게 해 주기도 한다.

타인과 나의 다름을 인정하니 나를 괴롭히던 비교는 내가 나아갈 수 있는 발판이 되었다. 타인이 가지고 있는 것이 나에게 없는 것은 어쩌면 당연한지도 모르겠다. 매력은 없는 게 아니라 찾지 못한 것일 뿐이었다. **분명, 나만이 가지고 있는 게 있다. 지금 부러워하고 있는 타인의 '무언가'와 다르지 않은 특별한 것을 우리도 가지고 있다.** "쟤가 나 이용하는 것 같아"라는 말에서 단어 '이용'은 한자 이로울 이(利) 자와 쓸 용(用) 자를 쓴다. 처음부터 나쁜 단어가 아니었던 것이다. 이제는 상대의 잘남을 이용하자. 이롭게. 우리는 전혀 다른 환경에서 다른 사람으로서, 수년 그 이상을 살아왔다.

─── 02 ───────────────────

나는 자퇴생이다

야구부를 가기 위해 매일 새벽 6시에 일어난다. 눈을 잠깐 감은 것뿐인데, 알람은 오늘 잠은 다 잤다 말한다. 아침에 일어나서 씻을 틈도 없이 등교하는 난, 수업 시간에 선생님 몰래 피곤에 젖은 몸을 쪽잠으로 말릴 생각이다. 학교에서는 학원 숙제를 하고, 학원에서는 학교 공부를 한다. 햄스터가 쳇바퀴를 도는 것 같은 일상이 싫다. 저쪽 덴마크 친구들은 학교에 가고 싶어서 난리라는데 나는 오늘도 누군가를 탓하고, 무언가를 탓하며 학교 안 갈 핑계를 만들고 있다.

01 가차 없이 흐르는 시간이 두렵겠지만 |

'나 왜 이러고 있지?' 짧은 질문이 나를 두드린다.

8살이 되어 학교에 갔다. 그곳에서 6년을 보내니 중학교를 가게 되었다. 중학교에 가니 다들 점수가 중요하다며 공부를 열심히 해야 한다고 했다. 왜 그래야 하는지 나는 잘 몰랐다. 하지만 남들이 다 그러기에 그게 맞는 줄 알고 열심히 했다. 그렇게 성적표만을 바라보다 보니 이제 고등학교를 가야 한단다. 나는 학교 종류가 그렇게 많은 줄 몰랐다. 들어 보니 좋은 고등학교는 좋은 대학교의 발판이고, 좋은 대학교는 좋은 직장으로 가는 지름길이라고 한다. 게임 캐릭터와 다를 바 없는 것 같다. 정해진 스테이지가 있고, 다음 스테이지로 가기 위해 넘어지고, 다시 일어서며 노력하는 게임 캐릭터 말이다.

어른들은 무언가를 하기 전에 자기 자신에게 '왜?'라는 질문을 하라고 했다. 나는 나에게 묻지 않았었다. 나에게 질문을 던질 작은 여유도 없었다. 의문이 쌓이다 보니, 꽤나 무거워졌다. 밀린 숙제를 하듯, 나의 의문들을 쌓아 두고 하나씩 천천히 답해 갔다. 생각은 행동의 깊은 뿌리다. 질문은 생각하게 만든다. 올바른 질문은 깊은 생각을 하게 만들고, 깊은 생각은 자신만의 독창적인 행동을 유발한다. 그 과정이 결코 쉽지 않았지만, 결코 쉽지 않은 과정 끝에 나는 자퇴를 했다.

한국에서 중졸 자퇴생으로 살아가기란 쉽지 않다. 많은 것을 포기해야 하며, 또 스스로 만들어 가야 한다.

숨만 쉬어도 통장에 임대료가 쌓이는 건물주의 삶이 떠오른다. 하고 싶은 것들을 마음대로 했고, 사고 싶은 것도 마음대로 샀다. 부담을 가졌던 자퇴 생활은 생각보다 재밌었고, 정말 행복했다. 하지만 행복은 그리 오래가지 않았다. 방학만을 바라보며 학교를 다닐 때, 평생 놀며 살아도 괜찮겠다고 생각했다. 심지어 노는 인생이 꿈이기도 했다. 그런데 막상 해 보니까 아닌 것 같다. 사람마다 다르겠지만, 최소한 나는 아닌 것 같다. 놀면서 슬퍼 본 건 처음이었다. 아무것도 모르는 어린아이처럼 논 지 두 달이 지났을 무렵 인생이 뭘까 하는 회의감이 들었다. 벌써부터 회의감이라니. 많은 시간을 놀며

흘려보내다 보니 일상과 인생이 무의미하게 느껴졌다.

우울이라는 깊은 늪에 빠져버렸다. 너무 쉽게 생각했던 탓일까. 늪에서 빠져나올 수가 없었다. 나의 선택을 되돌아보자 선택에 대한 나의 태도가 달랐다는 결론을 내릴 수 있었다. 학교에서 공부를 하든, 자퇴를 하고 놀든 힘든 것은 똑같았다. 학교를 다닐 때 매일 아침 6시에 일어나는 건 고문과 같았다. 학교와 학원에 치이는 일상이 괴로웠고, 한 것 없이 지나간 하루는 자괴감으로 가득 찼다. 그 고통은 나를 괴롭혔고, 남 탓을 하게 만들었다. 하지만 자퇴를 하고 나서도 똑같이 괴로웠다. 우울의 늪에 빠지고 인생이 점점 더 무의미해져 갔다. 힘든 것은 똑같지만 그 시작을 누가 했느냐에 따라 마음은 완전히 달라진다는 것을 느꼈다. 나에 대한 고민 없이 다닌 학교에서는 남 탓을, 나에 대한 고민을 한 후 만난 자퇴 생활에서는 내 탓을 했다. 디트리히 본회퍼는 실천은 생각이 아닌 책임을 기꺼이 받아들이는 태도로부터 나온다고 했다. **내 18년 인생 중 가장 큰 선택을 하**

고 나니 뒤늦게 책임의 존재와 그 무게를 알 것 같다. 남 탓, 내 탓 글자의 모양은 비슷하지만, 남 탓과 달리 내 탓에는 꽤나 무거운 책임이 따라온다. 책임을 진다는 것은 도망칠 곳이 없다는 것이며 스스로 변화를 만들어야만 한다는 것이다. 자퇴 생활 중에 겪고 있는 모든 과정과 앞으로 다가올 미래 모두 내가 만들어 낸 것이며 내가 만들어 낼 것들이다.

무의미한 일상이 싫어 만든 사진이라는 취미는 집에만 있던 나를 바깥으로 이끌었다. 예쁜 것을 찍으려고 예쁜 것만 찾다 보니 세상이 하나의 예술 작품처럼 보였다. 동화구연과 스피치를 배우며 자신감을 키웠고 덕분에 잠시 미뤄 두었던 사람들과의 소통도 다시 즐길 수 있게 되었다. 책임의 무게를 느낀 덕에 우울의 늪에서 나올 수 있었다. 도와줄 사람이 없다는 것을 알게 되었던 것이다. 이제는 외부가 아닌 내부에서 문제를 찾으려고 노력한다. '이건 좀 아닌데'라는 생각이 들 때, 잠시 멈춰 서서 가장 당연한 것들부터 둘러본다. 당연한 것

들은 이미 당연해진 거니까 괜찮다고 생각하는 실수를
반복하지 않기 위해.

───── 03 ─────────────────────

참 재미없게 산다

유튜브를 보며 시간을 때우는 건 나의 소확행 중 하나다. 의식의 흐름에 맞춰 엄지손가락을 위, 아래, 왼쪽, 오른쪽으로 움직이다가 신기한 채널 하나를 찾았다. '취재대행소 왱'이라는 채널이다. 수십 개의 동영상 중 '우리를 이어 주는 25가지 질문'이라는 제목의 영상을 눌렀다. 그 영상에는 5살부터 74살까지 70명에게 던진 25가지 질문과 그 답변이 담겨 있었다.

"사람들에게 어떤 사람으로 기억되길 원하세요?"

25가지 질문 중 하나는 자신에 대해 말하는 질문이었다. 5살 아이는 씩씩한 사람이라 말했고, 12살 아이는 남에게 도움이 되며 지금을 위해 생각하고 노력하는 사람이라 말했다. 그리고 20살 남자는 남한테 평가받으며 인생을 산 적이 없기 때문에 생각해 본 적이 없다고 말했다. 나이에 상관없이 사람들은 저마다의 가치관을 가지고 있었다.

5살 나는 착한 사람이 되고 싶었다. 12살엔 그냥 사람이 되고 싶었고 지금의 나는 세상의 변화를 만드는 사람이 되고 싶다. 5살 때도 그랬고, 12살 때도 그랬고, 지금도 그런 것처럼 나는 항상 원하는 모습이 있었다. 하지만 그 모습을 가지기 위한 행동은 하지 않았다. 어떤 붓을 집어, 어떻게 그림을 완성할지 고민하지는 않고 없이 단순히 그림 그릴 생각만 했던 것이다.

글은 주로 집에서 쓴다. 씻기를 귀찮아하고, 집을 사랑하는 나에게 카페나 도서관은 먼 이웃 나라나 마찬가지다. 집에서 글을 쓰면 여러 가지 장점이 있다. 그중 가장 큰 장점은 다른 사람의 눈치를 보지 않아도 돼서 굉장히 편하다는 점이다. 실제로 내 노트북을 훔쳐보는 사람은 없지만, 옆에 사람이 있다는 사실만으로 글을 쓰기가 어려워진다. 그런데 언제부턴가 글이 자주 막히더니 나중엔 앉아 있기조차 싫었다. 글이 안 써지더라도 책상에 가만히 앉아 있으려고 노력했지만, 헛수고였다. 마음을 다잡고 다시 시작하려고 해도 잠만 왔다. 책 집필은 나와의 약속이면서 동시에 출판사와의 약속이었다. 집필을 그만두는 건 미친 짓이라는 것을 잘 알고 있는 만큼 내가 미치도록 쓰기 싫어하고 있다는 것도 잘 알고 있었다. 그렇게 딜레마에 빠졌었다.

평소, 책을 읽으며 짧은 글을 쓰는 것을 좋아했다. 예전에는 책과 글을 좋아하는 사람을 보면서 '참 재미없게 산다'라고 생각했는데 지금은 그 삶의 매력을 누구보다 잘 안다. 나에게 책은 하나의 만남이다. 길을 걷다 예쁜 여성분을 보면 괜히 심장이 빨리 뛰고, 얼굴이 빨

개지는 것처럼, 나에게 책은 만나기 전에는 가슴을 설레게 하고, 만난 후에는 내게 행복을 주는 존재다.

딜레마에 빠졌을 때, 서점을 돌아다니다 엄청난 책을 만났다. 벤저민 하디의 『최고의 변화는 어디서 시작되는가』였다. 저자는 최고의 변화가 환경에서부터 시작된다고 말한다. 내가 책을 쓰려고 앉았을 때, 컴퓨터 게임과 침대의 유혹에 넘어갔을 때 나는 나의 의지를 탓하곤 했었다. 하지만 이 책은 다르게 말했다. 나의 노력이나 의지가 주변 환경의 영향을 받기 때문에 목표를 달성하기 위해서는 먼저 환경을 변화해야 한다는 것이다.

역시 내 가슴은 거짓말을 하지 않는다. 처음 봤을 때부터 가슴이 두근두근거리는 게 어째 느낌이 좋았다. 책 덕분에 내가 의지박약이 아니라는 것을 알았다. 내 의지와 노력에는 문제가 없음을 믿고, 환경부터 바꿨다. 처음에는 카페를 갔다. 감성적인 카페 인테리어는 글에 감성을 넣어 줬다. 거기까지였다. 다들 감성이 필요했는지 카페에는 사람이 너무 많았다. 글에 집중하는 데 어려움을 느낀 나는 도서관으로 향했다. 난생처음 혼자서 도서관에 갔다. 굉장히 떨렸다. 자리가 다양했다. 뭔가 있어 보이는 이름의 '학습기기실'이라는 곳에 들어가니 수험생부터 사법고시생까지 다양한 사람들이 침묵 속에서 책만을 들여다보고 있었다. 핸드폰만 잡아도 죄짓는 기분이 들 정도로 다들 열심이었다.

도서관은 무언가를 시작하려고 하는 사람들이 모인 곳이다. 그분들이 만든 좋은 환경은 나에게도 좋은 영향을 주었다. 도서관에서 쓴 글들은 대부분 만족스러웠다. 이런 경험을 통해 무언가를 시작할 때 나의 의지보다는 환경에 초점을 맞추려고 노력하게 됐다. 컨디션에 따라 환경을 바꿨다. 조금 우울한 날이면, 감성적인 카페나 바다가 있는 곳으로 여행을 가서 원고를 썼다. 긴장이 너무 풀어졌다 싶으면 도서관처럼 엄숙한 분위기의 장소를 찾아갔다.

원하는 게 있을 때, 나는 많은 상상을 한다. 이루어진 것처럼 상상하고, 그 속에서의 나를 그려 본다. 가만히 상상하는 것만으로 모든 게 이루어지면 좋겠다. 먼미래에 그런 날이 분명 오겠지만, 아쉽게도 아직은 불가능하다. 그러니 변화의 중심을 환경에 두고 노력하자. 그변화는 굳이 거창하지 않아도 된다. 좋은 그림을 그리기위해 꼭 고급 물감을 써야 하는 것도 아니며, 비싼 붓을써야 하는 것도 아니다. 가장 중요한 것은 변화를 위한시도를 한다는 것 아닐까. 변화를 위해서 한 발자국 내딛는 것, 그것이 변화의 시작이자 가장 큰 변화라고 생각한다.

질문하기가
참, 어렵다

"이 땅에서 나고 자란 우리 모두가 가장 힘들어하는 게 질문하는 일이라면 지나친 호들갑일까? 어렸을 때는 질문을 너무 많이 하다가 성가시게 군다고 어른들에게 꾸지람을 들어야 했고, 학교에 다니기 시작하면서는 질문보다 답을 찾는 훈련만 주야장천 받아야 했다. 나는 1979년에 미국으로 유학을 갔는데 듣는 수업마다 받아 적지 말고 질문을 하라는데 정말 난감했다"

최재천 교수가 책 『하버드 마지막 강의』 추천사에 담은 글이다.

"이 땅에서 나고 자란 우리 모두가 가장 힘들어하는 게 질문하는 일이다. 어렸을 때는 질문을 너무 많이 하다가 성가시게 군다며 조용히 하라는 말을 듣는 것을 흔히 봤고, 학교에 다니기 시작하면서 질문보다 답을 찾는 훈련만 주야장천 받아야 했다. 그것이 너무 싫어서 나는 2018년에 고등학교를 자퇴했다" 제준 작가가 자신의 책에 담은 글이다.

　강연이나 수업 듣는 것을 좋아한다. 모르는 분야에 관한 지식을 쌓고, 뭔가를 배우면서 느끼는 희열을 좇는 변태다. 그런 곳에 가면 중간 혹은 끝에 질문을 던지는 경우가 많다. 그때가 되면 나는 항상 긴장한다. '나는 아니겠지. 에이 설마 나한테 물어보겠어?' 강의를 듣고 배움을 얻는 건 좋지만 나서서 질문하기란 참 쉽지가 않다.

　초등학교 때는 질문을 하는 친구가 많았다. 수업이 끝날 무렵 질문왕들이 손을 들면 몇몇 친구들은 야유하기도 했다. "집에 가자", "또?"라는 말이 흘러나왔다. 나서서 말하지는 않았지만 사실 나도 똑같은 마음이었다. 중학교에 들어오고, 고등학생이 되면서 질문을 하는 친구들은 점점 줄었다. 주변 친구들이 하도 뭐라 해서 그런 건지. 학교가 질문할 시간에 답이나 찾으라 해서 그런 건지는 나도 모른다.

배우는 건 좋아하지만 학교는 그렇게 좋아하지 않았다. 배우기 싫어서가 아닌 배우고 싶어서 자퇴한 거다.

반복되는 시간표에 똑같은 교실은 답답하다. 수업을 듣기 위해 앉아 있는 건지, 잠을 참고 선생님의 말을 받아 적기 위해 앉아 있는 건지. 학생 시절을 떠올리면 꼬리를 물고 올라오는 의문이 하나 있다. 매년 학기 초 선생님이 숙제로 주셨던 꿈을 적는 종이다. 생활기록부에 들어간다며 신경 써 적으라던 목소리가 아직은 생생하다.

나는 꿈이 없었다. 그래서 멋있는 직업을 썼다. 과학자나 공무원 아니면 CEO 정도. 과학자는 그냥 멋있어서 썼고, 공무원은 안정적인 직장을 바라는 엄마의 의견에 썼으며, CEO는 아빠의 직업을 따라 썼다. 가끔은 글이 좋아 기자라는 단어를 적어 넣기도 했다. 친구들 중 몇 명은 몇 년 동안 똑같은 걸 써야 나중에 취업에 도움이 된다며 매번 같은 것을 쓰기도 했다. 만약 사실이라면, 내가 좋은 직장에 취직하는 것은 쉽지 않은 일이 될 것 같다.

"어렸을 때부터 하나의 꿈을 향해 달려가는 게 많은 의미가 있을까?"

어렸을 때부터 적성에 맞는 직업을 찾아 열심히 하고 있는 사람이라면 모르겠다. 지금 시대엔 삶과 죽음의 경계가 없다고 생각하는 나에겐 그게 조금 무의미하게 느껴지기도 한다.

'왜 꿈은 직업이어야만 할까?' 종이에 꿈을 쓸 때면 항상 드는 의문이었다. 누가 시킨 적은 없었는데, 학교에서 꿈을 적으라고 하면 항상 직업만을 썼다. 사전에 꿈이라는 단어를 검색하면, "실현 가능한 자신의 이상"이

라고 나온다.

　내 나이 열아홉. 파릇파릇하다. 살아갈 날은 점점 더 늘어만 간다. 그 많은 시간 동안 하나보다는 둘을 하고 싶고, 둘보다는 셋 그 이상을 하고 싶다. 꿈이 내가 되고 싶은 나의 모습이어도 좋고, 그게 직업이어도 좋다고 생각한다. 하루하루 행복하게 살아가는 게 혹은 사랑하는 누군가와 평생을 함께하는 게 꿈이 되어도 좋다고 생각한다. 꿈의 크기는 사람에 따라 다를 수 있다. 누군가는 큰 꿈을 꿀 수도 있고, 누군가는 작고 소박한 꿈을 꿀 수도 있다. 단, 꿈의 무게는 크기와 상관없이 똑같다는 사실은 변하지 않는다. 크기가 크다고 위대한 것이 아니며, 크기가 작다고 해서 별 볼 일 없는 게 아니다. 그러니까 주변과 평가에 휘둘리지 않았으면 좋겠다. 적어도 자신의 꿈 하나만큼은 두 손에 꽉 잡고, 인생이라는 길을 걸어가자.

05 ──────

도움이라는 이름의
상처

헛되이 보내지 않은 오늘이 모여, 헛되이 보내지 않은 인생이 되기를 바란다. 나의 시간을 되돌아봤을 때, 후회보다는 그리움이 많았으면 좋겠다. 매 순간을 눌러 담아서 오늘을 살아가야겠다. 모든 일을 즐기며 할 수는 없겠지만, 최선을 다하고 싶다.

나는 막둥이다. 11살 차이가 나는 누나와 13살 차이가 나는 누나가 있다. 내가 초등학교에 초 자도 몰랐을 때 작은누나는 고등학생, 큰누나는 대학생이었다. 내가 고등학교 1학년이 되면서 우리 집에는 큰일이 생겼다. 조카의 탄생이었다. 3살이 된 지금은 제법 말도 한다. 우리 가족은 애칭으로 '이쁘'라고 부른다. 설 연휴에 맞춰 '이쁘'와 작은누나, 매형과 함께 여행을 갔다.

타이베이 101은 대만에 있는 빌딩이다. 행운을 상징하는 대나무 모양으로 되어 있어 돈을 부르는 빌딩이라고도 불린다. 서울에 있는 롯데타워 전망대와는 다르게 빌딩의 심장을 볼 수 있다. 그 심장은 '댐퍼'라고 불리는 노란 공이다. 댐퍼는 빌딩이 지진이나 태풍을 만나 생기는 흔들림을 조절한다고 들었다. 댐퍼가 보이는 유리창 옆쪽의 스크린에는 지진이나 태풍이 왔을 때 댐퍼가 요리조리 움직이면서 빌딩의 균형을 맞추는 모습을 담은 영상이 상영된다. 귀여운 노란 공치고는 엄청나다.

버스를 타고 타이베이 101에 가고 있었다. 멀리서 볼 때는 별 느낌이 없었지만, 빌딩과 가까워질수록 "아"라는 감탄이 나왔다. 감탄에 취해 나도 모르게 카메라를 꺼내 사진 한 장을 찍었다. 김영갑 사진작가님은 풍경을 보고 셔터를 누르는 건, 풍경이 내뿜는 뜨거움을 견뎌 내지 못해 어쩔 수 없이 하는 행동이라고 하셨다.

빌딩은 놀거리, 볼거리, 먹을거리로 가득 차 있다. 그 덕에 빌딩의 안과 밖에 수많은 여행객이 있다. 만약 '타이베이 101'의 귀여운 공 댐퍼가 없다면, 이 빌딩은 어떻게 되었을까. 아마 세상에서 가장 큰 흉기가 되었을 거다. 지진이나 태풍 같은 큰 위험뿐만 아니라 아주 작은 위험에도 안정을 찾기가 어려웠을 테니 말이다.

힘들 때 주변에서 도움이라는 이름으로 많은 조언을 건넨다. 오히려 과한 조언 때문에 더 힘들어질 때도 있다. 하지만 조언의 의도는 대부분 좋은 편이다. 나를 위하고, 내가 잘되었으면 하는 바람에서 시작되는 말이기 때문이다. **나에겐 달콤한 사탕이 배 아픈 친구에게는 작은 돌과 다름없는 것처럼 의도가 좋다고 해서 반드시 결과도 좋은 것은 아니다.** 조언이 무서운 이유다. 선의를 가장한 악의가 될 수 있으니까.

조언은 때론 크게, 때론 작게 다양한 형태로 날아온다. 나는 조언을 들을 때, 감사하게 생각하며 열심히 듣는다. 댐퍼도 땅과 바람의 흔들림에 맞춰 흔들린다. 단, 무작정 흔들리면 균형을 잃고 무너지게 된다. 상대와의 관계를 위해 적당한 리액션은 필요하지만 적당한 방어도 잊지 않아야 한다. 언제까지나 흔들리고만 있을 수는 없으니까. 대화의 주제를 바꾸거나, 분위기를 띄우면서 적당한 방어를 하며 균형을 잡는 게 중요하다.

프린터기 위에 놓여 있는 종이 한 장을 집는다. 마구꾸긴다. 그리고 다시 편다. 펴려고 해도, 잘 펴지지 않는다. 겨우 편 종이에는 접힌 자국이 수두룩하다. 구겨지는 건, 상대방의 조언에 무너지는 것이고, 다시 폈을 때 남아 있는 자국은 내가 받은 상처라고 생각한다. 상처 없는 성장은 없다지만, 그래도 되도록이면 피하고 싶다.

타이베이 101의 화려함과 아름다움을 유지해 준 건 안에 숨어 있던 댐퍼였다. 나는 타이베이 101처럼 화려한 외모와 멋진 매력을 가지고 있지 않다. 그럼에도 지진과 태풍과 같은 조언들이 자주 나를 흔든다. 혜민 스님께서는 세상이 정의하는 나와 내가 정의하는 나의 균형이 중요하다고 하셨다. 그동안 두 명의 나 사이에 균형을 맞추지 못해 이리저리 휩쓸려 다녔다. 지금은 항상 노력하고, 또 노력하고 있다. 내가 성장했을 때, 부디 나의 중심을 나 자신이 잡고 있기를 바란다. 내가 나를 해치는 불상사를 겪고 싶지 않다.

06

내 친구 해득이

소중한 추억 대부분은 소중한 친구들과 함께했던 시간의 한 조각이다. 친구는 참 소중하다. 돌이켜보면 친구를 만나 가장 괴로웠지만, 친구를 만나 가장 행복했었다. 산부인과에서 만나 평생을 함께한 친구가 있다.

중학교 생활은 참 재밌었다. 좋은 친구들과 함께했던 기억이 떠오른다. 피부가 까맣다는 이유로 친한 친구들이랑 있을 때면 항상 놀림의 대상이었다. 어떻게 대처해야 할지 몰라 내 무덤을 내가 파기도 했다. 내 이름보

다 별명이 많이 불리는 교실이 싫어 학교 대신에 피시
방을 가기도 했다. 억지로 강한 척을 하며 나를 과시하
기도 했다. 따돌림을 당하거나 차별을 당하지는 않았다.
적당한 놀림이었다. 많은 재미와 많은 상처를 주는. 적
당한 놀림.

혼자 끙끙 앓았다. "상처의 크기는 주는 사람이 아
닌 받는 사람이 결정한다"라는 말에 많은 공감이 간다.
나를 도와줄 부모님이 있었고, 소중한 친구들도 있었다.
그리고 그 친구들에게 직접 이야기할 수도 있었다. 하지
만 그러지 못했다. 피부의 색깔이 내 잘못이라고 생각했
던 건지, 내 숙명이라고 생각했던 건지는 잘 모르겠다.

그 시간은 무섭도록 빠르게 지나갔고, 지금은 행복
하게 지내고 있다. 그때의 아픔은 도움을 요청하는 행동
이 쪽팔린 것도, 지는 것도 아니라는 걸 알게 해 줬다.

내 산부인과 동문의 이름은 해득이로, 사실 우리 아

빠다. 해득(海得)이는 '바다를 얻는다'라는 이름처럼 꿈을 위해 나보다도 더 열심히 살고 있다. 놀림을 받던 중학교 시기에는 함께하지 못했지만, 지금은 내 인생의 친구이자 선생님으로서 많은 시간을 나와 함께하고 있다. 처음에는 인생에 관해 이야기하는 평범한 아빠와 아들이었다. '뭐하고 살래?'와 같은 흔하고도 흔한 질문에서 시작되는 이야기 말이다. 처음부터 그 자리가 너무 싫었다. 몸에 좋은 한약이 더 먹기 싫은 것처럼 좋은 이야기인 것은 알지만 그래도 싫었다.

한약을 먹는 시간과 같은 대화가 반복되었다. 한약은 몸에 좋은 게 맞다. 우리는 서로의 일상을 궁금해하기 시작했다. 서로가 서로에게 관심이 생겼다. 나를 향한 해득이의 믿음은 컸다. 해득이는 강요가 아닌 권유를 했다. 재촉이 아닌 기다림으로 나를 맞아 줬다. 그리고 모든 것은 내게 돌아와 믿음이 되었다. 그 믿음이 쌓여 오랜 친구 사이처럼, 아빠와 나는 깊은 대화를 나누게 되었다.

사춘기, 진로, 자퇴, 꿈, 공황장애 머릿속에서 굵직굵직하게 기억나는 단어다. 나는 아직도 나를 괴롭힌다. 그럼에도 고통을 있는 그대로 받아들이고, 커 가려고 노력한다.

하지만 받아들인다는 것에는 꽤 큰 용기와 담담함이 필요하기에 말처럼 쉬운 일이 아니다. 아빠와 함께했기에 그 시간을 이겨 낼 수 있었다. 높은 곳에 올라가고 싶을 때, 거인의 어깨를 빌려야 하는 이유는 더 높은 곳을 볼 수 있고, 혹여 떨어지더라도 이전과는 다른 높이에 있을 수 있기 때문이다. 나는 그동안 아빠의 어깨를 빌려 인생과 사람을 배웠다. 『나폴레온 힐 성공의 법칙』의 저자인 나폴레온 힐은 비슷한 목적을 가진 두 명 이상의 사람이 모이면 만들어지는 마음을 '마스터 마인드'라고 표현했다. 우리의 마스터 마인드는 서로에게 영향을 주었다. 그의 어깨 위에서 본 풍경이 그가 바라본 것과 비슷해서 어쩌면 먼 미래에는 우리의 삶이 서로 닮아 있을지도 모르겠다.

인생이 힘들지 않기를 간절히 바란다. 하지만 오늘도 힘든 하루를 보냈다. 미세먼지로 뒤덮인 잿빛 하늘을 보며 파란 하늘의 소중함을 되새기는 것처럼 안 좋은 것은 좋은 것을 알게 해 주고, 좋은 것은 안 좋을 것을 느끼게 한다.

고통이 반복되는 인생은 인생을 더 아름답다고 느끼게 해 줬다. 나를 이렇게 바꾼 것은 고통이었고, 가족과 친구가 있었기에 그 고통을 이겨 낼 수 있었다. 고통에 감사하고 동행해 준 이들에게 고맙다. 소중한 사람과 함께할 수 있는 건 행복 그 자체라고 생각한다. 늘 그랬던 것처럼 힘들 때는 친구를 찾아갈 것이다. 그리고 항상 그랬던 것처럼 친구가 힘들 땐, 그가 기댈 수 있는 든든한 나무가 되어 줄 것이다.

07

진짜 칭찬받을 만한 일일까?

아파트 앞 공원에서 글을 쓰고 있다. 뭉게구름이 하늘을 헤엄쳐 다닌다. 오늘도 예쁘다. 한창 감성에 젖어 있을 때쯤, 핸드폰이 노래를 부른다. "쿵기덕쿵 쿵기덕쿵" 아빠였다. 신나는 비트의 전화벨 소리를 듣다 보니 옛날 생각이 난다.

괜찮은 생각이 머릿속에 맴돌면 다른 것을 하지 못한다. 그래서 전화를 받지 않았다. 우리 집 식탁에는 많은 이야기가 담겨 있다. 거기 앉아서 아빠와 나는 시시콜

콜한 이야기부터 진지한 이야기까지 별의별 이야기를 다한다. 아빠와 대화하다 보면, "굳이?"라는 말이 자주 목에 걸린다. 서로의 생각을 주고받는 식탁은 탁구장이다.

아빠 생각에 한창 재밌어질 때쯤, 핸드폰이 "띵동" 울린다. 이번에는 광고 알람이다. 분명 광고 알람만 지우고 끄려 했으나 30분째 핸드폰을 놓지 못하고 있다. 겨우 핸드폰을 내려놓은 나는, 다시 글을 쓰려고 하지만 계속 아른거리는 사람 때문에 쉽지 않다. 아무리 노력해도 집중이 안 된다.

농구 감독이면서, 미국의 대통령을 해도 잘할 것이라는 평가를 받고 있는 그렉 포포비치는 미국 농구 리그의 샌안토니오 스퍼스를 이끌고 있다. 좋은 성적을 내는 감독이며, 사람을 잘 다루는 감독으로 알려져 있다. 그는 선수들끼리 농구 이야기뿐만 아니라 영상을 보거나, 책을 읽은 후 다양한 대화를 하도록 권한다. 선수들은 그런 시간을 좋아해 늦은 시각의 회식에도 꼭 참여

한다고 한다. '정말 착한 분이신가 보다' 생각했지만, 그 것도 아니라고 한다. 그는 나름의 규칙을 가지고 그 규 칙에 어긋나는 행동을 한 사람은 엄히 꾸짖는다.

나는 농구를 별로 좋아하지 않는다. 광고 알람을 지 우다 우연히 본 기사의 그렉 포포비치가 자꾸 아른거린 다. 알게 된 지 몇 분 안 되었는데, 생각할수록 우리 아 빠가 겹친다. 아빠도 성격이 온화한 것은 아니다. 그렇다 고 해서 매사에 화를 내는 것도 아니다. 가장 기본적으 로 지켜야 할 사람에 대한 최소한의 예의 외에는 너그러 우시다.

아빠는 듣기 싫은 말보다 듣기 좋은 말을 더 많이 한다. 나는 가끔 아빠의 말에 칭찬이 많음에 놀란다. 별 것 아닌 이야기를 아빠에게 하면, "이건 이렇게 해 보면 좋을 것 같네", "대박이다. 어떻게 그런 생각을 할 수가 있냐"라며 칭찬을 해 주신다. 이젠 좀 궁금하다. 아빠는 왜 그러는 걸까. '사탕발림과 같은 칭찬인 걸까?', '아니

면 진짜 칭찬받을 만한 일인 걸까?'

큰 매형은 내가 초등학생 때 만났고, 작은 매형을 만난 건 중학생 때였다. 매형들과 집이 가까워 얼굴을 자주 본다. 시간이 맞으면 다 같이 모여 집에서 한바탕 파티를 하거나 외식을 한다. 모임에는 술이 빠질 수가 없다. 특히, 아빠와 매형들은 애주가다. 술을 좋아하는 건지, 술이 셋을 좋아하는 건지는 모르겠지만, 술을 엄청 먹는다. 엄마는 밤만 되면 술을 숨기기 바쁘고, 매형들은 찾기 바쁘다. 한 번은 방에서 게임을 하고 있다가 문틈 사이로 들리는 이야기가 재밌어서 셋의 대화를 엿들은 적이 있다. 장인어른과 사위로서의 대화도 있었고, 인생 선배와 인생 후배로서의 대화도 있었다. 아빠는 매형들과의 대화에서도 칭찬을 많이 했다. 제3자의 입장에서 보아도 진심이 담긴 칭찬이었다.

좋은 성적 뒤에 피 말리는 훈련 대신 좋은 대화가 있었다. 아빠의 칭찬 뒤에도 나름의 의도가 있었을 것이다.

아빠의 칭찬 덕분에 자신감을 가지고 한 일들이 꽤나 많다. 칭찬은 고래도 춤추게 하고, 나를 웃게 한다. 웃고 나면 뭐든 할 수 있을 것만 같다. 아빠는 좌절하고 자신감이 없던 나에게 가장 필요한 건 칭찬이라고 생각했던 모양이다. 그에게 고맙다. 이제, 아빠한테 다시 전화를 걸어야겠다.

08

나는 '아싸'다

초등학생 때, 담임선생님은 화이트의 '네모의 꿈'을 자주 들려주셨다. 가끔 머릿속을 맴도는 동요 '네모의 꿈'. "주위를 둘러보면 모두 네모난 것들뿐인데"라는 가사가 있다. 나 또한 그렇다. 나와 함께하는 사람이 단 한 명도 없다. 나는 '아싸'다. 다들 어디로 간 것일까. 항상 외롭고, 무섭다. 누구라도 함께해 준다면, 조금 편할 텐데……

'인싸'는 영어 단어 'Insider'의 줄임말로 쉽게 말해 인기가 많은 사람을 일컫는다. 반대로 '아싸'는 영어 단어 'Outsider'의 줄임말로 무리에서 겉도는 사람 혹은 인기가 없는 사람을 칭한다. 나는 자발적 아싸다. 내가 선택한 길은 남들과 다른 길이었다. 중학생, 고등학교를 갈 나이인 17살 때부터 남들과 다른 길을 걷기 시작했다.

시작은 딱 각도 1도 정도였다.

처음 남들과 다른 선택을 했을 때는 진지함보다 호기심이 더 컸다. 다른 길의 출발점은 대안학교였다. 대안학교는 양아치들이 다니는 학교라는 이야기를 많이 듣지만 대안학교도 사람들이 배우는 곳이고, 다 다른 사람이 있기에 이 부분에 있어서는 긍정도, 부정도 하고 싶지 않다. 나는 서울시교육청에서 운영하는 '오디세이'라는 이상한 대안학교에 입학했다. 오디세이 학교는 내가 중학생이 될 즈음 시작한 자유학기제에 전문성을 더한 학교다. 그래서 우리는 '고교 자유 학년제'라 부르고, 1년 동안 잠시 학교를 떠나 배움을 이어 나갔다.

배정받은 일반 고등학교의 학생으로, 대안학교에 위탁되어 교육받는다. 그리고 1년이 지나면, 다시 원래 학교로 돌아간다. 짧다면 짧고, 길다면 긴 시간인 1년 동안 나는 새로운 나를 만나고, 새로운 세상을 만났다. 그곳에서 듣고, 사유하고 말하는 연습을 자주 했다. 부유물처럼 떠다니는 생각들을 글로 정리했고, 여행을 통해 사람과 세상을 배웠다.

몇몇 사람들은 나에게 공부는 안 하고, 논다고 한다. 사실, 노는 것도 공부다. 일상에서 배움을 만들 수 있는 사람이 되는 게 중요하다고 생각한다. 공부는 학교에만 있는 게 아니니까.

좋은 경험을 하면서 놀다 오자 했는데, 1년 동안 정말 많이 배웠다. 잘 놀았고 치열하게 살았다. 눈을 감았다 뜨니 1년이 지나 있었다. 나에게는 1학년, 2학년 이렇게 두 가지 선택지가 있었다. 1학년이라는 선택지는 오디세이 활동과 성장은 마음에 기록하고 고등학교 1학년부터 새롭게 시작하는 것이고, 2학년이라는 선택지는 오디세이에서의 활동을 고등학교 1학년 생활로 대체하고, 2학년부터 시작하는 것이다. 나는 아싸 생활을 청산하고, 다시 인싸가 되기 위해 2학년이라는 선택지를 골랐다.

아싸가 인싸가 되는 건 힘든 일이다. 겉으로 보기에 학교생활은 재밌었고 행복했지만 내 마음에는 불편함과 짜증 그리고 분노가 가득했다. 직접 경험해 보니 이건 아니라는 생각이 들었다. 모두가 하는 게임에서 1등을 하기 위해 치열하게 싸우느니 나만의 게임을 만들어서 1등을 하는 게 낫겠다고 생각했다. 그래서 자퇴를 했다.

평범 그 이하의 학생이 1도 차이 나는 선택을 했다. 처음엔 그쯤이야 쉽게 되돌릴 수 있을 거라 생각했다. 하지만 시간이 지날수록 각도는 점점 더 커져 나중엔 돌이킬 수 없을 만큼 간격이 벌어져 있었다.

그래서 나는 내 각도대로 살기로 했다. 세상을 바꾸겠다고 자퇴를 했고, 세상의 변화를 만드는 사람이 되겠다고 책을 쓰고 있다. 주변 환경 덕분에 남들과 다른 길을 잘 걸어올 수 있었다고 생각한다. 그동안 고생 많았고, 행복했다. 그리고 정말 감사했다. 나는 다른 길이 잘못된 길인 줄 알았다. 아니, 잘못된 사람이 되는 지름길 같았다. 남들과 달라지기가 무서웠다. 그런데 꼭 그런 것만은 아니었다.

나는 자전거 타는 것을 좋아한다. 자전거의 속도를 높여 사람들을 헤쳐나가는 맛이 좋다. 그렇게 자전거를 타다 보면 멈추지 않고, 달리고 싶을 때가 있다. 하지만 주변의 많은 사람, 빨간색 신호, 막다른 길들이 허락하지 않는다. 그럴 땐, 맞서기보다는 피해서 다른 곳으로 돌아간다. 바보 같지만 돌아가다 보면 길을 잃는 때가 많으며 5분 일찍 가려다가 50분 늦게 가기 일쑤다. 그렇다고 해서 항상 그런 것만은 아니었다. **돌아가는 길이 때론 가장 빠른 길이기도 했다. 지루하고, 무서울 것만 같았던 길은 예상치 못한 아름다움을 선물하기도 했다. 나는 그렇게 인생을 타고 있다.**

09

고민이 많아서 고민이고,
걱정이 많아서 걱정이다

달력을 봤다. 오늘은 2019년 3월 1일, 삼일절 100주년이다. 오늘을 무사히 보낼 수 있어 감사함이 드는 동시에 내 두 눈은 커진다. 달력은 2019년 중반을 향해 가고 있는데 자퇴를 한 지 1년도 안 되었다. 1년도. 하루는 정말 빠른데 한 달은 느리게만 흘러간다. 자퇴하기한 달 전이 생각난다. 자퇴는 하고 싶었지만 무언가 하고 싶은 건 없었다. 구체적이지 않은 계획만 무성했다. 자퇴가 망설여져, 유학도 알아봤다.

새벽 공원 벤치 근처의 공기 질은 우리 덕분에 꽤나 안 좋았을 거다. 벤치 주변은 우리의 한숨으로 가득 찼다. 어떻게 이 인생을 살아갈까 하는 고민에 방황하며 나는 친구에게 신세 한탄을 했다. 나에게는 여러 선택지가 있었고, 그 선택지는 각각 나름의 지도 모양을 하고 내가 갈 길을 보여 주었다.

　　고민이 많아서 고민이고, 걱정이 많아서 걱정이었다. 많은 것이 나를 붙잡고, 놔주지 않았다. 누군가와의 싸움이 아니라 나 자신과의 싸움이었다. 자퇴하고 싶다는 생각이 머리에 꽉 찼지만 그럴 만한 용기가 안 났다. 학교와 배움에 대한 여러 가지 의문을 마음에 품고, 고민했다. 그리고 내 나름의 판단으로는 이 길은 분명 잘못된 방향이었다.

　　늦어도 8시까지는 등교를 해야 한다. 그래야 청소를 안 한다. 8시가 넘으면 출석부에 지각 표시가 된다. 그렇게 되면, 인생 살기가 빡빡해진다. 지각을 많이도 하던 나는 자퇴하기 전에 애매한 학교생활을 청산해 보기로 했다. 용기는 없었지만 이도 저도 아닌 사람이 되고 싶진 않았던 것 같다. 나는 용기가 없고, 겁도 많은 사람이다. **그런 내가 자퇴를 결심한 계기는 단순하게도 학교 가는 버스를 놓쳤기 때문이었다.**

그 버스를 놓치면 지각이었다. 나에 대한 화가 나를 강하게 만들었다. 버스를 놓친 날을 기준으로 일주일이 조금 넘게 학교에 안 갔다. 아무 말도 없이.
다른 사람들에게는 대책 없는 미친 짓처럼 보였을 수도 있다. 하지만 나에게는 꼭 필요한 시간이었다. 인생과 자퇴에 관해 진지하게 고민을 해 보아야만 했다. 이런저런 고민 끝에 세상을 바꿔 보겠다는 결심을 했고, 여러 개의 지도 중 '자퇴하고 나서 많은 책 읽고 책을 한번 써 보자'라는 지도를 골랐다.

어떻게 달려왔는지 모르겠다. 달려오다 보니 이렇게 되었다. 학교를 나와 세 달이 지나고 정신과 병원에 가야 했다. 공황장애가 와 버렸다. 일상생활을 못 할 정도가 되어서 집중적으로 치료도 받았고, 공부도 많이 했다. 그렇게 공황장애와 싸우면서 취미생활도 하고, 자기 계발도 했다. 가끔은 여행도 다녔다. 그렇게 지내다 보니 책 한 권이 나왔다.

첫 책처럼 두 번째 책도 뚝딱하면 나올 줄 알았다. 그런데 아니었다. 나 자신을 글로 쓰는 동안 누군가는 나의 다리를 잘랐다. 팔로라도 일어나 보려고 할 때, 또 다른 누군가가 나의 두 팔을 잘랐다. 지지할 곳이 없어 뒤로 팅겨 나갔다. 내 마음속에서 벌어진 일들이었다. 그런 시간이 반복되어 나온 책이 이번 작품이다. '제품이 아닌 철학을 판다'라는 애플의 광고 카피가 있다. 나는 애플의 철학과 로고를 사랑하는 애플의 개다. 스티브 잡스를 검색하면 "미국의 기업가이자 애플의 창업자다"라고 쓰여 있다. 참 멋진 분이시다. 스티브 잡스는 작은 점들이 모여 하나의 선이 된다고 했다. 앞이 보이지 않아 방황하다가 나는 하나의 점이 되기로 했다. 그 점들이 어떻게 연결될지 알 수 없었지만 나는 계속 선택했고, 계속 나아갔다. 점이 쌓였고, 그렇게 선이 되었다. 선을 모으니 한 편의 글이 나왔다, 글들을 묶어 책을 낸다. 예쁜 별 모양으로.

가나자와 역은 일본 오사카에서 기차로 다섯 시간 정도 걸린다. 거기에는 내 친구 카도가 있다. 깊은 산속 집에는 놀 게 아무것도 없어 지루하고, 재미가 없는 곳이지만 밤이 되면 별들이 하늘에서 장난치는 한 편의 동화를 볼 수 있다. 저번에 놀러 가서 처음 그걸 보았다. 눈길이 닿는 모든 곳에 별이 있었다.

별은 밤이 깊어질수록 더 빛난다. 별은 밤이 깊어진다고 해서 자신의 빛을 잃지 않는다. 오히려 더 별다워지고, 그 무엇보다도 아름답게 보인다. 별들은 언제나 그렇게 빛난다.

10

시간이 부족합니다

초점 없는 눈으로 멍을 때리다 보면, 작고, 귀여운 생각 하나가 노크 없이 슝 들어온다. 오늘도 멍을 때린다. 이야기를 나누고 있던 중이었다. 다른 생각이 들어온다. 내게 날아온 생각은 자꾸 질문한다. 대화에 집중을 할 수가 없다.

'어떻게 책까지 썼을까..' 대화 중 들어온 생각이 나한테 질문한다. 사실, 그렇게 대단한 것을 한 건 아니다. 삶과 죽음의 문턱을 오르락내리락했던 나는 평화로운 오늘 하루를 맞이할 수 있음에 감사할 뿐이다. 고등학생이면서 자퇴생이었고, 자퇴생이면서 작가다. **나의 시간은 몇 개의 문장으로 정리되지만, 문장 안에는 무수히 많은 사건, 사고들이 담겨 있다.**

나를 괴롭히는 한 편의 연극이었다. 여러 조연과 한 명의 주연이 존재하는. 나를 힘들게 하는 연극의 주연은 공황장애였다. 1인칭 시점으로 나를 바라봤을 때, 내일의 존재 자체가 지옥이며 고통이었다. 하지만 반대로, 타인이 그때의 나를 봤다면 힘듦을 찾아보기가 어려웠을 거다. 그럭저럭 괜찮게 살고 있는 것처럼 보였을 테니. 매일 힘들다고 말하긴 했지만, 책도 열심히 읽고, 독서 모임도 꼬박꼬박 나갔다.

공황이 와 일상생활이 어려워도 책 하나만큼은 놓지 않았다. 지금 나는 두 독서 모임을 나가고 있다. 두 군데 중 한 곳은 '대성'이라는 곳이다. 주제가 정해지면 그 주제에 관련된 책을 한 권씩 공유한다. 그리고 한 달 동안 모두가 공유한 책을 읽고 만나 근황과 주제에 관한 이야기를 나눈다. 가서 한마디라도 더 하려면, 한 글자라도 더 읽어야 한다. 저번 독서 모임 주제는 '역사'였다. 읽어야 할 여섯 권의 책 중 뭐부터 읽을지 고민하고 있었다. 흐릿한 기억으로 유시민 작가님의 『나의 한국현대사』라는 책을 집어 들었다. 유명한 분인 건 알지만 어떤 분인지에 대해서는 아는 게 없다. '유시민이 말하는 유시민'이라는 책의 프로필이 인상 깊었던 기억 정도가 전부였다.

어려워서 빨리 읽었다. 그리고 다음 책을 집었다. 다음 책은 설민석 작가님의 『조선왕조실록』이었다. 두껍지만 쉬울 것이라는 생각에 설레는 마음으로 책을 폈다. 책을 펼치니 짧은 글 하나가 있었다. **"모든 일에 있어서, 시간이 부족하지 않을까를 걱정하지 말고, 다만 내가 마음을 바쳐 최선을 다할 수 있을지, 그것을 걱정하라"** 정조대왕의 말이다. 아무 생각 없이 마주친 글은 꽤 큰 울림을 주었다.

나를 되돌아봤다. 모든 일을 하기 전 시간이 가능할지 고민보다는 할 수 있을까라는 고민이 더 많았고, 할 수 있을까라는 고민보다는 얼마나 간절한지 더 고민했다. 미루는 게 습관인 내가 간절한 일 앞에서만큼은 우사인 볼트보다 빠른 모습을 보고, 미루는 데에도 이유가 있겠다 생각했다. 만나기 전, 괜히 이것저것 따지게 되는 친구가 있다. 평소에는 일정 관리도 안 하던 내가 이 친구와 약속을 잡고 나면, 그 만남이 내 일정에 얼마나 많은 영향을 줄지 생각하고, 내가 포기해야 할 것을 계산하고 있다. 그 친구가 정말 보고 싶고, 좋았다면 머릿속으로 계산할 시간에 이미 약속 장소로 가고 있었을 것이다.

하루는, 코치님과 대화를 하고 있었다. 나의 글과 책이 만들어지는 데 많은 도움을 주신 분이다. 그 분은 나에게 궁금한 게 있다고 하셨다. "공황장애가 나아지고 나서 책을 쓰신 거예요?" 당장 답을 할 수 없었다. 대충 얼버무렸다. 집으로 가는 길, 2호선 지하철 안에서 잠실대교를 보다 문득 이런 생각 들었다. '그만큼 간절했구나' 돌이켜보면, 내가 지금까지 해 왔던 것들, 또 지금 하고 있는 것들에는 많은 계산이 필요하지 않았다. 그것들을 진행하는 데 있어서도 큰 어려움이 없었다. 그땐 몰랐지만, 나에게는 나름의 간절함이 있었다. 그 간절함 덕분에 공황장애가 있음에도 불구하고, 책까지 쓸 수 있었다. 그 간절함 덕분에 오늘도 가장 평범하면서도, 제일 특별한 하루를 만나고 있다.

11

나름 잘 살고 있는 것 같네

잠실역 5번 출구 앞에서 301번 버스가 멈춘다. 버스에서 내린 사람들은 잠실역 지하상가로 향한다. 가는 길, 좁은 문이 하나 있다. 고집이 센 문이 계속 자리로 돌아가려 할 때, 한 사람이 문을 잡아 다시 연다. 그렇게 한 명이 지나가고, 문이 또다시 닫히려 할 때, 또 다른 누군가가 닫히려는 문을 다시 잡는다. 앞사람이 잡아 돌린 문고리의 온기를 느끼듯 우리의 마음은 마음을 통해 전해진다.

오늘도 버스 기사님은 세상을 이끌어간다. 아침부터 우리의 따뜻한 발이 되어 주며 버스에 타는 이에게는 가벼운 인사를 건넨다. "버스가 멈출 때까지 기다리세요"라는 말로 우리의 안전까지 챙겨 주신다. 친구의 생일이었다. 버스를 타고 혜화로 가고 있는 도중에 차가 급정거했다. 좁은 이차선 도로에서 7살 꼬마 아이가 무단 횡단을 했다. 다행히 사고는 피했지만, 버스 안 사람들이 조금 다쳤다. 진심으로 아이를 걱정하는 사람이 있는 반면, 그 와중에 자신의 이익을 챙기려는 사람도 존재했다.

어제는 뿌옇다가 오늘은 파란 알다가도 모를 사회, 나에게 학교는 그런 곳이었다.

학교가 잘못된 건 아니었다. 지금의 방식은 최선의 방식이다. 물론, 우리 부모님 세대의 기준으로 말이다. 어린 나이에 사회에 나온 사람으로서, '열심히'가 항상 정답은 아님을 느낀다. 나는 교육제도를 바꾸고 싶다. 우리는 점수로 평가되고, 점수로 판단되었다. 생활기록부에 한 글자라도 더하기 위해 '잠'이라는 한 글자를 포기하는 게 일상이었다. 아침 조회 때마다 전교생이 운동장에 모여 "무엇이 되겠습니다"라고 크게 외쳤었다. 굳이 무엇이 되어야 하는 걸까. 무엇이 되지 않아도 되는데. 인류의 빛과 소금의 기준은 무엇이며 누가 정하는 건지 모르겠다.

좋은 성적을 내는 친구는 학교의 이름을 위해 집중 관리를 받는다고 들었다. 나만 이상하게 느끼는 것 같다. 나 또한 아니라고 못 한다. 입에 담을 수 없을 말들이 수업 시간, 쉬는 시간에 상관없이 오간다. 듣기만 해도 벅차다. 환경은 사람을 만들었고, 그렇게 만들어진 사람이 모이면 무슨 일이든 할 수 있다. 나도 그렇게 되었다. 고등학교를 오랜 시간을 다닌 건 아니었지만, 주관적인 시각으로 바라본 학교는 문제가 많았다. 카메라는 렌즈를 통해 있는 그대로의 모든 걸 담아 사진으로 남긴다. 사람은 자신의 성격과 철학이라는 필터를 눈이라는 렌즈 위에 얹는다. 나의 필터로 본 학교는 버틸 수가 없는 곳이었다.

처음엔 학교를 변화시키고자 했다. 하지 못했다. 나
서지 않았고, 주도하지 못했다. 그래서 내가 한 건 나의
이야기를 친구들에게 많이 하는 거였다. 덴마크의 교육,
일본에서 만난 친구들, 전국에 있는 대안학교에 관한 이
야기. 하지만 한계가 존재했고 달라지는 게 없었다. 고민
이 많았다. 고민이 곪아 터질 즈음, 문학 선생님이 내 마
음을 찢어 놓았다. **"얘들아, 세상에서 제일 대단한 사람
이 어떤 사람인지 알아? 살아남는 사람이야. 살아남는
사람은 변화에 적응하는 사람이지. 그런데 사실 더 대단
한 사람이 있어. 그 사람은 변화를 만들고, 환경을 새롭
게 만들어"** 예전에 다큐멘터리를 보고 감동을 받고선
'나도 저 다큐멘터리처럼 사람들에게 물음표와 느낌표
를 던지는 사람이 될 거야'라고 말했던 내 모습이 떠올
랐다.

자퇴를 하기 위해 밟아야 할 절차가 있다. 첫 번째

절차는 부모님 설득이고, 두 번째 절차는 자퇴 후 계획이다. 부모님 설득은 생각보다 쉬웠다. 학교를 다니기 전부터 자퇴에 대해 고민했다. 진작에 자퇴를 하려고 했으나 경험해 보지도 않고, 무언가를 판단하는 것은 이르다는 생각에 학교를 계속 다닌 것이었다. 어쩌면 애초에 학교를 다닐 생각이 없었던 것일지도 모르겠다. 학교를 다니는 동안 부모님과 자주 대화를 나누며 생각을 정리해 갔다. 그 덕분에 자퇴는 지각하는 것만큼 쉬웠다.

"나름 잘 살고 있는 것 같네"라고 친구가 말했다.

나름대로 잘 살고 있다. 자퇴하고 아무 생각 없이 살 줄 알았는데 많이 배우고, 다양한 사람과 시간을 보내며 책도 네 권이나 썼다. 나의 첫 책을 읽어 주신 독자분들의 서평을 보면, 주체적인 사람인 게 멋있다는 이야기가 많다. 나와 오랜 시간을 함께한 사람은 내가 얼마나 바보 같은 사람인지 안다. 자퇴하기 전만 해도 인생에 있어 아무런 계획이 없었다. 인생에는 때가 있다는 말이 있다. 때가 되면, 평소에 안 하던 것도 하게 된다는 말이다. 하지만 때를 기다릴 필요는 없다고 생각한다. 때는 만들면 되니까. 의도적으로 혼자 있는 시간을 만들었다. 고민하며 나의 계획을 만들고, 목표를 세웠다. 시한부 선고를 받으면, 그때부터 위기감을 느끼고 인생을 재설계한다고 한다. 학교를 무단결석하며 자퇴에 관해 고민하다 보니 나도 모르게 주체적인 사람이 되었다.

'부모님 설득'과 '자퇴 후 계획'이라는 두 가지 조건을 충족했다. 아빠와 가족관계증명서를 들고 학교에 가니 바로 자퇴를 할 수 있었다. 보통은 숙려기간이라고 해서 2주 동안 상담을 받으며 자퇴라는 큰 결정을 숙고할 시간을 갖지만, 나에게는 필요 없었다.

PART

2

고민이 너무 많아
고민인 요즘

감정을 다루는 게 서투른 나에게

01

18살 자퇴생의 일기

2018. 1. 13

나 어제 친구들 만났어. 학원 안 가고 싶어서 집에 숨어 있을 때, 비밀번호 엄마한테 물어보고 들어와서 나를 깨워 줬던 친구야. 맨날 싸웠지만, 참 재밌었어. 가만 돌아보면, 걔도 날 참 많이 챙겨 줬어. 근데 어제 걔가 한 말은 크나큰 상처였어. 자퇴한다는 농담에 인생 망한다고 했던 너, 모의고사 9등급인 나를 인생 9등급 취급한 너. 늘 그랬던 것처럼 장난으로 했던 말이지? 그래도 기분이 조금 그렇더라.

2018. 3. 28

요즘 많이 힘들어. 학교에 가면 눈치도 봐야 하고, 불편해도 말할 수 없어 혼자 참아야 해. 처음 학교생활은 너무나도 행복했는데. 모든 게 새로웠지. 그래서 재밌었는데. 그 속에서 적응해 나가며 익숙해졌고, 익숙해지다 보니 많은 게 보였어. 그런 생각이 들더라. 내가 그렇게 잘나고, 멋진 사람도 아닌데 상식 이하의 행동을 하는 사람을 가만히 두기 어렵다고. 나도 누군가에겐 상식 이하의 사람일 수도 있겠지만, 그렇다고 해서 가만히 지켜보는 건 아닌 거 같았어. 그런데 그것보다도 더 슬픈 건 그 모습이 친구의 전부가 아니라는 거야. 속은 착하고, 겉은 투박해 보여도 얼마나 귀여운데. 아무것도 아닐지라도 가끔 챙겨 주는 사소한 정성에 나는 감동을 받아. 하지만, 계속 여기 있기는 싫어. 가만 보면, 자퇴한다는 게 그렇게 나쁜 선택은 아닌 거 같아. 많은 사람이 말하지. 내 인생은 끝날 거라고. 나는 오히려 인생이 시작될 것 같은데. 새로운 길은 다른 길로 가는 첫걸음이지 잘못된 길로 향하는 첫걸음이 아니니까.

2018. 4. 9

나 이제 결심했어. 남들과 달라지기로. 솔직히 말하면 이제는 벅차. 내가 나를 더 힘들게 만드는 거 같기도 해. 그냥 안 가고 싶어. 수많은 이유가 있지만, 이야기하기도 어렵다. 오늘부터 그만하고, 새로 시작할래. 남들이 도망간다고 말하든 그게 뭔 상관이야.

2018. 5. 29

자퇴해 보니까, 생각보다 재밌어. 아무한테도 말하지 않은 건데 친구들 학교 갈 때, 집에서 게임하면 좀 짜릿해. 그래도 하루에 책 한 권 정도는 꾸준히 읽으려고 노력해. 누군가의 강요는 아니야. 그냥 하고 싶어. 재밌거든. 자퇴를 하고 친구를 만나니까 너무 좋더라. 어제 내 친구 중 한 명이 어떻게 자퇴를 했냐고 물어봤어. 그러게 말이야. 그때는 답을 못했어. 너무 갑작스러운 질문이었거든. 나는 그렇게 용기가 많은 사람이 아니야. '소심왕'이었지. 어렸을 때부터 낯을 가려서 사람들에게 인사도 잘 못 했어. 지금은 많이 나아졌지만 여전히 새로운 사람을 만나기 전엔 심장이 떨려. 새로운 사람을 만나기도 어려워하는 내가 새로운 길을 갈 수 있었던 건 단 한 가지 때문인 것 같아. 내가 용기가 많은 사람이어서가 아니라 수많은 선택지 중 용기라는 선택지를 골랐기 때문이야. 그래서 내가 용기 있는 사람이라는 이야기를 듣는 게 아닐까 싶어. 어쩌면 용기를 선택할 수 있는 용기도 멋진 용기일 수 있겠네.

2018. 6. 19

귀찮음이 정말 많아. 침대에 누워 핸드폰 하고, 텔레비전을 보며 시간을 보내는 게 제일 좋아. 우리 집에도 많은 아름다움이 숨어 있어. 침대에 누워 창문을 열고 맞이하는 바람도, 3시가 되면 조금씩 고개를 드는 예쁜 햇살도. 자취를 하고 나니, 친구와 함께하는 시간이 참 소중하다는 것을 느껴. 역시 소중함은 없어져 봐야 아나 봐. 예전과 달리 요즘에는 친구들한테 내가 먼저 연락해서 만나자고 해. 같이 만나서 피시방도 가고, 노래방도 가고, 볼링도 치고, 서점도 가고, 쇼핑도 해. 적고 보니 참 많은 걸 한다. 한 번은 중학교 때 친구 두 명을 만났어. 그 친구들이랑 심야 영화를 보고, 집에 걸어가고 있었지. 그런 거 있잖아. 친구들이랑 있으면 막 갈구는 거. 그게 너무 좋더라. 매일 어른들과 만나 칭찬을 받고, 격식을 차리는 조금은 불편한 자리에 있다가 친구들과 편하게 욕도 하고, 갈구면서 너무 행복했어.

2018. 11. 3

항상 긍정적으로 생각하려고 노력해. 그런 사람으로 살아 보니까 다른 사람이 볼 수 없는 것들까지 보게 되더라고. 그래서 더 노력하고 있어. 한 번은 긍정에도 한계가 있다는 것을 느꼈어. 공황장애가 왔을 때야. 죽고 싶었어. 공황장애의 고통으로부터 피하는 방법은 세 가지야. '약을 먹거나, 내가 변하거나, 죽거나' 처음에는 약을 먹었어. 음. 나 약 먹은 날 기억 하나도 안 나. 잠만 잤어. 계속 잠이 오고, 뇌가 죽은 것 같더라. 뇌의 사고가 멈춘 느낌이었어. 다행히도, 약을 천천히 줄여 갔어. 줄여 가면서도 수많은 공황을 만났지. 그 순간이 얼마나 괴로운지 아무도 모를 거야. 죽고 싶었어. 자살이라는 게 사람으로서 하지 말아야 할 도리라 생각했는데 예외가 있을 수도 있겠더라. 그래도 걱정 안 해도 돼. 이제는 약도 다 끊었어. 매일 버티고, 견디는 삶 끝에는 감사함이 있어. 평소였으면 몰랐을 거야. 아무 일도 일어나지 않은 오늘 하루가 얼마나 감사한지.

02

앞으로의 50년을
바꾸는 선택

　"요즘 고민이 너무 많아서 우울해. 미칠 것 같아. 그
동안은 휩쓸려 가면서, 버텨 가면서 살았어. 평일은 주
말만을 바라보며 살았고, 주말에는 평일을 걱정하며 보
냈어. 그래서 그랬던 걸까. 시간이 엄청 빨리 갔지. 그런
데 요즘은 시간이 너무 천천히 가. '이쁘'를 낳고, 너무
행복한데 행복한 만큼 너무 힘들어. 나와 '이쁘'의 미래,
그리고 가족의 미래까지 걱정하게 돼. 또 혼자서 생각할
시간이 많으니까 나에 대한 고민도 하게 돼. 그게 좋은
건 맞지만 한 번에 폭풍처럼 몰아치니까 너무 어렵다"

작은누나랑 음료수를 사러 마트에 가는 길에 나눈 대화다. 누나는 공부를 잘했던 사람이다. 간호사로서 직장생활을 하다가 결혼을 했고 지금은 아기를 낳은 엄마다. 이쁘는 조카의 애칭이다. 누나의 가장 큰 고민은 난생처음 가진 혼자만의 시간의 벅참이었다. 학생 때는 공부하느라 혼자만의 시간을 가질 수 없었다고 했다. 시간이 있더라도 자신에 대해 고민하는 게 아니라 핸드폰을 하거나 텔레비전을 보며 보냈다고 한다. 3교대 근무, 쉽게 말하면 새벽반, 점심반, 저녁반을 나눠 근무하는 것이다. 간호사는 환자를 24시간 돌봐야 하기에 시간을 나눠 교대로 근무한다. 그러다 보니 누나는 학교를 벗어나서도 혼자만의 시간을 가지기가 어려웠다.

　　나는 고민 속에서 사는 사람이었다. 머릿속에 고민이 많아 매일 스트레스를 받았다, 그렇다고 해서 그 고민이 어디서 시작되었고, 어떻게 해결할 것인지 생각하는 것도 아니었다. 안 해 본 것이 아니라 못 한 것이었다고 핑계를 대고 싶다. 학교생활은 피곤 그 자체였고, 남는 시간은 친구들과 놀고, 잠자기에도 바빴다.

　나에게 학교는 맞지 않는 옷이라는 것을 느끼고 학교에 가지 않았다. 무단결석을 했다. 대학을 갈 생각이라면, 무단결석은 꽤나 치명적인 기록이었다. 그럼에도 일주일 동안 무단결석을 했다. 자퇴는 내 인생에서 가장 큰 선택이었다. 이 선택이 앞으로의 10년과 50년을 좌우할 수도 있었다. 나중에 후회할 상황이 올 수 있다는 것을 알았기에 더욱 깊이 고민했고, 온전한 나의 의지로 자퇴를 했다.

　나는 은근히 까다롭다. 애매하고, 완벽하지 않은 것들을 싫어한다. 처음에는 머릿속이 너무 복잡했다. 해소되지 않은 생각으로 가득 차 정말 힘들었다. 그런 나에게, 선생님께서 시 한 편을 알려 주셨다.

　"마음속에서 풀리지 않은 모든 물음에 대해 인내하라. 물음 그 자체를 사랑하라. 지금 주어지지 않는 답을 구하지 말라. 지금 그대로 살 수 없는 답을. 중요한 것은 모든 것을 살아 보는 것이다. 이제 그 물음 속에 살라. 그러면 서서히, 자신도 알아차리지 못한 채 먼 어느 날 그 답을 살고 있으리라" **라이너 마리아 릴케의 시다.**

마음속에 풀리지 않는 것들을 사랑하기가 어려웠었다. 인내하기도 어려웠었다. 존재 자체가 성가시고, 짜증 났다. 이 시는 그런 나에게 많은 고민을 하지 말라고 했다. 그런 고민을 가진 채 살다 보면, 자연스럽게 고민의 답에 대한 답을 알게 된다고 말해 줬다. 그래서 학교를 안 가고, 혼자 있는 시간을 만들었다. 혼자서 시간을 보내며 고민과 함께 살았다. 고민의 답을 찾으려고 노력하지 않았다. 어느새 나의 마음이 정리되었고, 고민의 답도 쉽게 낼 수 있었다.

혼자만의 시간이 내게 선물한 것은 나와의 대화였다. 우리의 대화는 어색했다. 어떻게 해야 할지 몰랐다. 어색한 대화가 반복되면서 우리는 가까워졌다. 내가 몰랐던 나에 관해 알 수 있었다. 과정이 모이자 내 마음이 무엇을 원하는지 알 수 있었다. 그렇게 해소되지 않은 생각들을 정리했고, 자퇴했다. 이후로, 중요한 선택이 있을 때마다 나는 여행을 떠난다. 살던 곳이 아닌 다른 곳으로 가는 여행이며, 반복되는 일상을 다른 곳에서 보내는 일상에서의 여행이기도 하다. 중요한 선택을 해야 할 때가 아니더라도 의도적으로 혼자만의 시간을 계속 가지려고 노력한다. 곰돌이 푸가 말했다. **"아무것도 안 하다 보면 대단한 뭔가를 하게 되지"**

03

우리는 우리를
대하는 방법을 모른다

나는 곳곳에서 여러 개의 이름으로 불린다. 평범하지 않은 길을 가는 홈스쿨링 학생, 동화가 필요한 곳에 동화를 꿈꾸게 하는 동화구연가, 세상의 아름다운 순간을 카메라에 담는 일상 사진가. 더불어 생각과 진심을 글자에 담는 작가, 세상의 변화를 꿈꾸는 청춘. 맞다, 말하지 않은 이름이 한 가지 더 있다.

누나 두 명이 있다. 나는 막둥이여서 누나들이랑 열 살 이상 차이가 난다. 조카도 있다. 동생이 있어도 신기할 나이인데 나는 조카가 있다. 다른 사람보다 10년 정도 빠른 것 같다. 2017년에 태어난 조카는 이제 3살이다. 말도 조금씩 하는데 귀여워 죽겠다. 빨리 삼촌이라고 불러 줬으면 좋겠다.

조카는 우리 집에 자주 놀러 온다. 하루는 친구를 만나고 집에 오니 조카가 있었다. 그날은 기분이 안 좋았다. 친구와 싸웠는데 잘 풀리지 않아 서로 감정이 많이 상한 상태였다. 그래서 집에 들어가자마자 방으로 향했다. 기분 전환도 할 겸 게임을 하고 있을 때였다. 한창 재밌게 게임을 하고 있었는데 갑자기 컴퓨터가 꺼졌다. 그리고 뒤에서 귀여운 목소리가 들린다. "야야 데윤" 엄마 이름도 모르는 게 삼촌 대신에 내 이름을 부른다.

컴퓨터를 끄고, 침대에 누워 핸드폰으로 하고 있으니 이번에도 그녀가 와서 괴롭힌다. 같이 놀자 말을 건

다. "데듄?" 그냥 가만히 있었다. 그녀와의 무언의 신경전이 끝나갈 때 즈음, 엄마가 밥을 먹으라고 하셨다. 조카와 누나 그리고 엄마랑 밥을 먹었다. 왜 그러니. 오늘따라 조카가 자꾸 칭얼거린다. 대충 밥을 먹고 바로 방에 들어왔다. 침대에 누워서 생각했다.

처음에는 온종일 되는 게 없어 짜증이 났다. 짜증이 난 나를 가만히 지켜보니, 짜증은 사라지고 다른 생각이 들었다. '과연 그게 나쁜 걸까?' 나는 친구랑 싸웠다. 기분이 나빴다. 그래서 집에 왔는데 이뻐가 괴롭혀서 기분이 나빴다. 가족끼리 밥을 먹다 이뻐가 칭얼거렸다. 이유 없이 짜증이 나서 방에 다시 들어왔다. 처음에는 친구와의 다툼 때문에 짜증이 났지만, 나중에는 이뻐가 귀찮게 해서, 시끄럽게 해서 짜증이 났다. 짜증을 지켜보다 보니 짜증 대신에 '왜 나는 그러지 못하고 있을까'라는 생각이 들었다.

내 조카 이뻐는 자기주장이 확실하다. 싫으면 울면서

엄마를 부른다. 좋으면 세상 해맑게 웃으며 춤을 춘다. "눈치는 보지 말고, 눈치 있게 행동하자" 내가 좋아하는 말 중 하나다. 그동안 너무 많은 눈치를 봐 왔던 것 같다. 그게 습관이 된 걸까. 눈치를 조금만 본 건지, 많이 본 건지, 눈치 있게 행동하는 건지 모르겠다.

나는 나한테 무심한 사람이었다. **아기 때, 힘들면 울면서 쉬라고, 신날 땐 춤추면서 웃으라고 배웠다.** 어른이 되어 가면서 눈치가 생겼다. 그렇게 배운 걸 까먹었다. 많은 사람은 말한다. "너 너무 예민해", "신경 좀 끄고 살아" 둔감해지라는 건 좋은 말이다. 예민 다음에 둔감이다. 무작정 둔감해지는 건 바보다. 나에게만큼은 둔감해지면 안 된다.

요즘 힐링 에세이가 유행인 건, 그만큼 우리가 우리를 대하는 법을 몰라서 힘들어하고 있다는 증거가 아닐까.

'예민'이라는 단어는 기피해야 할 단어가 아니라 나에게 가장 필요한 단어라고 생각한다.

예전에 영상 하나를 봤다. 누군가가 잔잔한 시냇물에 돌멩이 하나를 던졌다. 시간이 지나 떠내려가던 돌멩이는 나무에 걸려 원래 물이 흘러가던 길을 막았다. 그러자 물의 방향이 바뀌었다. 얼마 지나지 않아, 모래가 돌 뒤로 쌓이기 시작했다. 모래가 쌓이고, 쌓여 물길이 더욱 좁아졌고 시냇물은 흐르지 않게 되었다. 이 영상은 잔잔한 시냇물에 떨어진 돌멩이가 어떤 영향을 미치는지 말해 준다. 나는 이 영상이 우리에게 감정을 대해야 할 자세를 알려 준다고 생각한다. 우리는 행복이라 말하는 좋은 감정은 있는 그대로 받아들인다. 그렇기에 행복을 비롯한 좋은 감정이 언제 찾아와도 기꺼이 맞이한다. 하지만 나쁜 감정이라 불리는 우울, 분노, 불안에는 많은 의미와 걱정을 덧붙인다. 덧붙이는 모든 것은 잔잔한 시냇물을 막는 돌멩이다. 작은 돌멩이가 시냇물을 막아 결국, 썩게 하는 것처럼 부정적인 생각과 걱정은 그 크기에 상관없이 마음의 균형을 잃게 만든다. 자전거를 탈 때 균형을 잘 잡지 않으면 넘어지는 것처럼, 태도가 망가지면 균형을 잃고, 균형을 잃으면 넘어진다.

04

'공황장애'라는
이름의 사람

"타인의 시선을 의식해 힘든 당신에게 말하고 싶다. 당신이 잘못한 거다. 그게 뭐라고 의식하는지 모르겠다. 그런 걸로 고민하는 것 자체가 잘못된 거다. 타인에게는 잘못이 없다. 그렇게 생각했기 때문에 그렇게 된 것이다. 괜히 피해의식 가지지 마라"

가장 가슴이 아픈 순간은 '힘내'라는 말을 들었을 때다. 공황장애는 누구나 쉽게 걸리는 병이 아니며, 다른 사람이 이해하기 어려운 형태로 나타난다. 얼마 전에는 목에 가시가 걸려 공황이 왔다. 아마 목에 가시가 걸린 불편함 때문에 인생의 무의미함과 죽음에 대해 논하는 사람은 나밖에 없을 거다.

공황이 오고 나서 너무 힘들어서 친구에게 고민을 털어놓았다. "너무 힘들다. 어떻게 해야 할지 모르겠어. 매일이 고통이야. 벗어나려고 하면 할수록 더 힘들어져" 그 후로, 이런저런 이야기가 오고 갔다. 그리고 "힘내"라는 말로 우리의 이야기가 끝났다. 낼 힘도 없는 나다. 힘낼 수 있었다면, 진작에 훌훌 털고 일어났을 것이다. 아무것도 할 수 없다는 생각에 가슴이 답답했다. 상처를 주고자 이런 말을 한 건 아닐 거다. 방법을 몰랐던 것뿐이다.

감사한 일이다. 공황장애를 앓기 전까진 단 한 번도 죽고 싶을 정도로 힘든 적이 없었다. 힘듦보다 행복이 훨씬 많았다. 죽고 싶을 정도로 힘들어 보니 '힘내'라는 말이 얼마나 무책임한 말인지 새삼 깨달았다. 그동안 누군가 내게 고민을 털어놓으면, '힘내'라는 말을 참 많이 썼다. **그 말을 자주 뱉을 수 있었던 이유는 힘들어 본 적이 없었기 때문이 아닐까 싶다.**

공황 발작은 불안이라는 감정과 죽을 것 같은 신체 증상 그리고 부정적인 생각들과 함께 나를 괴롭힌다. 누군가 말했다. 지옥을 나가는 법은 묵묵히 걷는 것이라고. 묵묵히 걷지는 못했지만 매일 한 걸음이라도 걷기 위해 노력했다. 노력이 통했다. 많이 좋아졌다. 이제는 공황과 함께하는 일상을 보내고 있다. 나는 감정 때문에 오래 힘들어한 사람이었다. 감정 때문에 힘들어 보기 전에는 '감정이 무엇인가'에 대해 단 한 번도 생각해 본 적이 없었다. '감정은 살아 있는 것이 아닐까'

유전적인 문제나 환경적인 문제가 이유가 되기도 하며, 불안을 맞이하는 자세가 이유가 되기도 한다. 의사가 아니기에 정확하진 않지만, 어머니께 물려받은 나약함, 자퇴 후 만난 불안한 환경이 내가 앓고 있는 공황장애의 원인이 아닐까 한다. 공황장애 덕분에 내 안의 불안이라는 사람을 만났다. 처음에는 그 사람이 무서웠다. 누구에게나 첫 만남은 어색하고, 불편한 것처럼. 불안이라는 사람과의 첫 만남도 그랬다. 심지어 무서웠다. 그리고 두려웠다. 그는 단순히 나한테 이야기만 하는 것이었는데 그의 말, 행동 하나하나에 죽을 것 같은 공포를 느꼈다. 처음엔 그에게서 도망쳐 병원을 찾아갔다. 약물치료와 함께 공황에 대해 배우면서 불안이라는 사람에게도 많은 상처가 있었음을 알게 되었다.

병원 선생님께서 말씀하셨다. "준아, 사람은 스키마를 가지고 있어. 스키마는 쉽게 말해서, 인간의 모든 기억을 담는 상자야. 이 상자는 나 자신, 세상, 미래를 해석하는 데 쓰이지. 스키마는 주로 너의 어린 시절의 경험으로 만들어져. 너의 무의식에 속해 있어 알기 어렵지만, 네가 이걸 알고 받아들이면 너의 공황을 이해하는 데 많은 도움이 될 거야"

간사한 게 매일같이 공황에 울부짖으면서도 잠깐 평

화가 찾아오면 공황에 대한 이해가 아닌 자유를 만끽하려 했다. 그래서 그 과정이 쉽지 않았지만, 이해하려고 노력하다 보니 불안이 단순히 이유 없이 만들어지는 게 아니라는 것을 알 수 있었다. 어린 시절 사소한 기억들부터 주요한 기억들까지 스키마라는 기억 상자에 남아 있었다. 그 기억은 다양한 이유로 나의 불안을 만들었다. 그러면서, 불안도 한 명의 사람이라는 것을 느낄 수 있었다. 고민 많은 친구가 상담해 달라고 말하는 것처럼 불안을 느낀다는 것은 불안이라는 친구가 고민 상담 좀 해 달라고 말하는 것일지도 모르겠다.

당신의 꿈은 안녕하신가요?   94

05

도와주지 마,
슈퍼맨!!

학교폭력은 학교 안에 존재하는 차별을 말한다. 학교를 넘어 사회적으로도 비중 있게 다뤄지는 이슈로 우리는 왕따라는 단어에 민감하다. 왕따는 학교에서 만의 문제일까. 왕따라는 큰 이름을 빼고, 소외라는 이름을 쓴다면, 우리 사회에 소외는 빈번하게 자리 잡고 있다. 사적인 관계에서의 소외, 공적인 관계에서의 소외, 사회에서의 소외까지 많은 곳에 숨어 있다.

보통 상처를 주는 사람은 잘 모른다. 자기가 상처를

주는 것을 알고 있는 경우보다도 자신의 행동이 상처를 줄지도 모른다는 생각조차 못 하는 경우가 많다.

상처를 받는 사람도 자기가 상처를 받고 있다는 것을 모르면 좋겠지만, 상처는 상처를 받는 사람이 제일 잘 안다. 너무 잘 알고 있는 나머지 상처를 자주 받는 사람은 상처와 관계없는 일까지도 '나한테 그런 게 아닐까'라며 자신과 연결 짓기도 한다.

그게 상처의 아픔 아닐까. 흔히 피해의식이라고 말하기도 하는 상처의 아픔은 내가 피해 입은 것들이 너무나도 커서, 별것 아닌 일에도 민감하게 반응하게 된다. 나 역시도 큰 상처나 아픔을 겪을 때는 피해의식이 습관이 되기도 해 내가 나의 아픔을 만들기도 했다.

나는 왕따 가해자다. 누군가에게 상처를 주는 일은 아픔 그 이상의 폭행이다. 누군가를 소외시키고, 상처를 입혔다. 그리고 상처를 준지도 몰랐다. 내가 준 상처 때문에 나까지 힘들어졌다. 감정 차별이라는 죄로 재판을 받으면서 알게 되었다. 그때가 돼서야 내가 나 자신에게 상처를 주었음을, 내가 나의 감정들을 따돌렸음을 알게 되었다. 나는 감정들을 차별했고, 소외시켰다. 내가 좋아하는 감정은 행복함, 따뜻함, 편안함, 짜릿함, 안정감이다. 내가 싫어하는 감정은 우울, 분노, 불안, 외로움이다.

살면서 느낀 고통의 대부분은 내가 만들어 낸 것이었다. 어떻게 보면 피해의식일 수도 있다. 힘들어하면서 학습된 결과일 수도 있다. 나는 불안이라는 감정을 굉장히 싫어한다. 불안이 느껴지면 당황하며 벗어나려고 애를 쓴다. 그리고 찾아오지 않기를 간절히 바란다. 그 결과, 더 불안해진다. 나중에는 안정감을 느끼는 상황에서 나도 모르게 불안을 느끼게 만드는 피해의식이 생겼다.

한 정신과 전문의는 감정에 관해 이렇게 설명했다. **"감정은 좋고, 나쁨의 개념이 아닙니다. 감정의 존재 이유는 나를 지키기 위함입니다"** 그러면서 이 말을 덧붙였다. **"불안은 우리의 목숨을 유지해 줍니다. 분노는 우리를 강하게 만듭니다. 우울은 주변의 도움을 받도록**

만듭니다. 우리가 흔히 말하는 부정적 감정들 불안, 분노, 우울이 없다면, 우리는 절대 살아갈 수 없을 것입니다. 그렇게 우리는 다 죽게 되겠죠" 처음에는 이게 무슨 뚱딴지같은 말인가 싶었다. 그런데 다시 생각해 보니, 틀린 이야기가 아니었다. 애초에 감정은 우리를 괴롭힐 생각이 없었다. 단지, 우리를 지키려 했을 뿐이다. 하지만 나는 그걸 나쁘게만 봤다. 감정이 우리를 지키러 오는데 우리는 "너 필요 없어", "너 싫어. 저리 가"라며 밀어내기 바빴다. 지구가 멸망하고 있어 슈퍼맨이 도와주려 날아오고 있는데 "제발 오지 마세요"라고 말하는 것과 비슷한 거다. 우리는 흔히 감정을 두 가지 관점에서 해석한다. 좋고, 나쁨. 이분법적 사고는 정작 봐야 할 것은 놓치게 하는 오류를 만들어 낸다. 가끔은 이런 생각이 든다. '무언가를 해석하고 판단하는 일의 의미가 뭘까?' 니체의 말처럼 우리는 눈앞에 종이 한 장만 있어도 앞을 볼 수가 없고, 바로 옆에 벽 하나만 생겨도 잘 들을 수가 없다. 그런 내가 본질을 해석하고, 판단할 수 있을까.

사랑에 빠졌을 때, 우리는 그 사람만 생각한다. 같은 건 운명이라고 하며, 다른 건 특별하다 말한다. 이상한 구석이 있어도 귀엽다고 말하며 있는 그대로 바라보려고 노력한다. 감정과 사랑에 빠져야 할 때가 온 것 같다. 비록, 얼굴도 없고, 말도 못 하는 바보지만, 감정을 있는 그대로 먼저 바라봐 주는 것이 감정과의 사랑의 첫걸음이다. 그것이 감정의 고통으로부터 벗어날 수 있는 가장 쉬운 방법이라고 생각한다. 이해가 안 되더라도 감정의 입장에 빗대어 다시 이해하려 노력해 보자. 좋고, 나쁨의 기준으로 감정을 따돌리는 왕따 가해자가 되지 말자.

06

있는 그대로
바라보는 게 쉽나

좋아하는 게 참 많다. 사람도 좋아하고, 친구들도 좋아한다. 취미도 많다. 자전거도 좋아하고, 볼링도 좋아한다. 야구는 사랑한다. 감성적인 사람이라 영화 보면서 눈물도 자주 흘린다.

요즘, 책을 많이 읽는다. 책을 좋아하지만 좋아하는 것 이상으로 읽는다. 읽어야 쓸 수 있기 때문이다. 이제는 습관적으로 읽는다. 그리고 참고한다. 다른 사람은 어떻게 글을 풀어냈는지 궁금하다. 강한 종결어미로 이렇게 해라, 저렇게 해라 강요하듯 말하는 자기 계발서는 거부감이 들고, "왜?" 하고 물음표를 던지는 인문학은 더 재밌어진다. 깊이 있는 철학책은 새로운 세상인 것 같아 매력적이다.

말하지 않아도 느끼게 되는 게 예술인 것 같다. 시는 긴말하지 않지만 나는 오랫동안 시를 들여다보고, 해석한다. 이게 시의 가장 큰 매력이 아닐까. 짧은 단어에 고뇌한다. **작가가 되어 보니까 알겠다. 내가 1초보다 짧은 시간에 넘기는 한 장에 얼마나 많은 노력과 정성이 들어 있는지.** 내 마음을 울리는 단어와 문장에는 작가의 많은 것들이 담겨 있을 거다. 그래서 가끔은 단어 하나만 계속 보곤 한다. 뭔가가 느껴질까 하고.

시를 좋아하지만 좋아하는 작가가 없어 유명한 것을 주로 읽는다. 서점에 가 책꽂이 맨 위 칸에 잘 보이는 책을 꺼냈다. 그곳에 있을 정도면 뭐가 되었든 그럴 만한 이유가 있을 거라고 생각한다. 예쁜 표지에 예쁜 제

101   02 고민이 너무 많아 고민인 요즘 |

목이 쓰인 시집이다. 도종환 시인의 『흔들리지 않고 피
는 꽃이 어디 있으랴』 저 말대로라면, 우리는 꽃밭에 살
고 있는 것이다. 참 예쁜 말이다. 나중에는 사람들에게
생각과 따뜻함을 건네는 시도 써 보고 싶다.

　내 방은 그렇게 크지 않지만 3시에서 4시로 넘어가
는 시각에는 참 예쁜 방이다. 베이지색 커튼 사이로 노
란 햇살이 들어와 내 방을 따뜻하게 감싼다. 문득, 이 시
집을 읽고 싶었다. 천양희 시인은 "어떤 한 편의 시는 삶
의 의미를 찾는 사람들을 위해, 다른 한 편의 시는 누군
가를 사랑하는 사람들을 위해, 나머지 한 편의 시는 우
리를 외면한 사람들을 위해 읽히기를 바란다"고 했다.
삶의 의미와 내가 외면한 감정들을 위해 시집을 펴서 첫
부분인 '시인의 말, 시는 내 오랜 운명' 부분부터 읽었다.
한 글자라도 놓칠 새라 천천히 한 장, 한 장 넘겼다.

　많은 생각이 들고, 바라만 보아도 따뜻해지는 글이
많다. 단어에 나름의 따뜻함이 곁들여져 있다. 문장에

는 약간의 거침이 느껴졌다. 따뜻함과 거침을 느끼면서 페이지를 계속 넘기다 「바람이 오면」이라는 시를 찾았다. "바람이 오면 오는 대로 두었다가 가게 하세요. 그리움이 오면 오는 대로 두었다가 가게 하세요. 아픔도 오겠지요. 머물러 살겠지요. 살다간 가겠지요. 세월도 그렇게 왔다 간 걸 거예요. 가도록 그냥 두세요"라는 내용이다. 많은 것이 느껴진다.

별것 아닌 것들이 인생을 덧없이 힘들게 하기도 했다. 그 별것들이 모여 별처럼 빛나기도 했다. 모든 건 다 자연스러운 것 같다. 그럼에도 나는 자연스러운 사람은 아닌 거 같다. 있는 그대로 바라보는 것은 참 힘들다. 그래서 오늘 아침에도 명상을 했다. 감정에 휩쓸려 나를 잃지 않으려 노력하는 것이다. 이렇게라도 하지 않으면 흘러가는 나의 감정에 내가 많이 다친다. 모델 장윤주는 상대가 어떤 사람인지 알고 싶으면, 함께 걸어 본다고 했다. 걸으면서 그 사람의 성격을 알 수 있기 때문이라고 한다. 매일 걷는 걸음에도 사람의 성격과 철학이 담거 있듯이 감정에도 나의 성격과 철학이 담겨 있다. 감정을 알지 못해 가끔은 당황하고 넘어지지만, 매번 다짐한다. **"이 또한 자연스러운 과정인 거겠지. 해가 지고, 달이 뜨는 것처럼 행복했다 우울해지는 건 당연한 거겠지"**

07

혼자서는
완벽할 수 없다

　자존심이 세다. 질투와 욕심이 많다. 다른 사람에게 잘 보이려고 노력하지만 실제로는 어떨지 모른다. 내 모습 중 싫은 모습이 있다. 하지만 바꿀 의지가 없어 몇 년째 그대로다. 완벽하고 싶다. 애초에 완벽은 존재하지 않음을 알면서도 허상을 좇는다. 멋있는 척, 잘난 척을 하며 자랑하는 걸 즐긴다. 그래서 항상 실수한다. 가만 보면, 참 서툴고, 부족한 사람이다. 시도 때도 없이 함정을 만들어 나를 괴롭히는 부족한 사람. 나 자신과 청춘을 위한 글을 쓰는 동시에 청춘을 보내고 있는 한 사람으로서 많은 고민에 힘든 날들을 보내고 있다.

벌것 아닐지 모르는 사소한 경험에서도 꽤 큰 것을 발견하여 글로 옮긴다. 그리고 그것을 나누기를 좋아한다. 사랑이 많다. 나 자신에 대한 사랑, 타인에 대한 사랑, 세상에 대한 사랑을 가지며 낭만을 즐긴다. 조용한 것을 좋아하면서도 시끄러운 것을 사랑하며 친구와 함께하기를 좋아하지만 혼자 있는 시간을 방해받고 싶지는 않다. 나름의 규칙을 세우고 그것을 지키며 살아간다. 그 규칙 덕분에 잘 살고 있지만, 가끔은 그 규칙에 얽매여 너무나도 딱딱하고 재미없는 사람이 된다. 뭐든지 다 할 수 있다고 생각하며 자유로운 사람이 되기를 바란다. 동시에 사람과 사랑의 소중함을 잊지 않기를 다짐한다.

자퇴를 하고 나니 빈 시간이 많아졌다. 빈 시간이 많아져서 열심히 놀았다. 노는 것에도 한계가 있었다. 놀다 보니 놀 게 없더라. 그래서 생각했다.

'뭐하고 살지', '뭐 먹고살지' 나름의 정의로 정리해 보니 할 게 없다. 놀 것도 없고, 고민할 것도 없을 때, 나는 고요함을 느낄 수 있었다. 혼잣말이 많은 내게 그 시간은 꽤나 재밌는 시간이었다.

고요함 속에서 고요할 줄 몰라서 많은 불안을 낳았다. 나에게는 괴로운 습관이 하나 있었다. 숨쉬기를 의식하는 습관이다. 다른 사람들처럼 별생각 없이 숨 쉴 수 있으면 좋을 텐데, 숨 쉬는 것을 한 번 의식하면 멈출 수가 없었다. '어지간히 할 게 없나 보다'라는 생각이 들어 처음에는 웃겼지만, 며칠이 지나자 무서웠다. 평생 숨 쉬는 것만 생각하다 죽을까 봐. 나중에는 죽을 것 같았다. 의식을 포기하지 못할뿐더러, 포기하면 나의 숨이 멈출 것 같았다. 내가 고등학생이 되기 전, 다섯 번 정도 짧게는 하루에서 길게는 한 달 정도 그런 적이 있다.

상태가 심했다. 호흡곤란이 왔고, 온몸이 떨렸다. 죽을 것 같다는 생각이 들었다. 그 생각이 끝나기도 전에 죽을 것 같았다. 그나마 집에 있으면 괜찮았다. 평소에 가지 않는, 익숙하지 않은 장소에는 '혹시나'라는 생각이 나를 휩쓸었다. 언제는 지하철에 사람이 많아서, 언제는 영화를 보다 무서워서, 언제는 백화점에서 쓰러질까 봐 나도 모르게 호흡을 의식하게 되었다. 불안이 반복되자 나는 몸이 보내는 사소한 신호에도 예민하게 반응하기 시작했다. 배가 아프면, 배에 악성 종양이 있어서 그런 건 아닐까라는 생각에 밤을 새웠다. 머리가 아프면, 뇌종양으로 죽을까 봐 밤을 새웠다. 손이 떨리거나, 발이 차가우면 '이건 좀 수상한 신호다'라며 혼자 불안해했다. 이것만 그런 게 아니었다. 심장도 그랬다. 심장이 빨리 뛰는 걸 알아차리는 날엔 시한부 선고를 받은 것처럼 초조해했다.

예전에는 그러지 않았다. 그러지 않았다고 생각할 만큼 적었다. 누구나 한 번쯤 나약해질 때가 있고, 인구의 15%는 일생 중 한 번의 극심한 불안 즉, 공황을 경험한다고 한다. 하지만 나는 병이었다. 병적으로 지나쳤다.

자퇴를 하고 빈 시간의 고요함을 불안으로 채웠다. 시간이 모든 걸 해 줄 줄 알았다. 시간이 지니며 괜찮아지고, 원래대로 돌아갈 줄 알았지만, 오히려 불안으로 괴로운 시간은 점점 늘어나고, 공황이 오는 주기는 계속 짧아졌다. 그때, 처음으로 정신과 병원을 알아봤다. 어떤 사람들이 있을지 몰라서 무서웠고, 뭔 일이 날 것 같아서 무서웠지만 그게 중요한 게 아니었다. 내가 살 수 있는 방법이 있다면, 뭐든지 해야 했다.

혼자서 무언가를 한다는 건 정말 멋진 일이다. 하지만 모든 걸 혼자서 다 할 수는 없다고 생각한다. 많이 힘들다면, 마음을 편하게 먹고 믿을 수 있는 사람과 함께 하는 것 또한 멋진 일이다.

선택은 자신의 몫이지만 마음이 아파 병원에 가는 걸 부끄러워하지 않았으면 좋겠다.

08

불안을 다루는 기술

머리로 아는 것과 몸으로 이해하는 것의 속도가 달랐다. 아는 것과 이해하는 것의 차이가 컸다. 그래서 실수도 많이 했다. 공황이 더 심해지기도 했으며, 약을 더 많이 먹기도 했다. 포기하고 싶었던 적도 많았다. 내가 나의 목숨을 끊는 일이 현실로 다가와도 반항하지 않을 것 같았다. 누군가는 공황장애를 1년도 안 겪어 본 어린 친구가 뭘 아느냐 말할 수도 있겠다. 짧은 6개월이라는 시간 때문에 가장 소중한 일인 산다는 것을 포기할 뻔했다.

키보드 자판을 몇 번 누르고, 마우스를 이리저리 흔들고 나니 어느새 정신과 상담 예약을 할 수 있는 사이트에 들어와 있었다. "옴마야." 상담을 하기 위해서는 나의 증상을 적고, 증상에 맞는 카테고리를 골라야 했다. 그곳에는 공황장애, 우울증, 불안장애, 강박 등 수많은 명칭이 적혀 있었다. 아무리 생각을 해 봐도 해당되는 게 없다.

예약하기 위해서는 나의 병에 관해 써야 했다. 어쩔 수 없이 클릭한 것은 불안장애였다. 상담을 받으면서 나는 깨달았다. 내가 공황장애에 걸렸다는 사실을. 이게 뭘까. 공황장애는 연예인들만 걸리는 줄 알았다. 그리고 병이 아닌 하나의 핑계에 지나지 않는 것, 그 이상 그 이하도 아닌 거라고 생각했었다. **"연예인 누구누구 공황장애로 프로그램 전면 하차"** 따위의 기사를 봤을 때, **'저게 뭐라고 저래'라는 생각을 가졌었음에 용서를 구하고 싶다.** 공황장애가 너무나도 괴로웠고, 죽고 싶었다. '이렇게 살 바에는 죽는 게 낫겠다'라는 생각을 했으며,

지금 당장 죽지 않더라도 이런 삶이 반복된다면, 스스로 목숨을 끊고야 말 거라 생각했다. 수련회와 같이 어딘가를 가기 전에는 구토를 자주 했고, 몸이 아플 땐, 두려움에 젖어 부정적인 생각에 사로잡혔다. 호흡을 의식하며 불안해했다. 모든 것은 일종의 공황이었다.

공황은 내가 만들어 내는 것이다. 나의 경험들, 생각들이 공황을 만들었다.

이제는 그것들이 무엇인지 알고, 그게 왜 생겼는지도 대충 알고 있다. 어떤 때 공황이 오는지 알고, 그것이 나를 죽이거나 괴롭힐 수 없다는 것도 잘 안다. 공황이 거의 안 온다고 자신 있게 말할 수 있는 건 공황이 와도 상관없다는 것이다. 공황은 오기 전, 미세한 신호를 보낸다. 사람마다 다르지만 나는 목이 답답하고 숨쉬기가 어렵고, 부정적인 장면들을 계속해서 상상한다. 예전에는 그것들에 휩쓸려 "이러다 쓰러지면 어쩌지?"라는 생각을 했다. 부정적인 생각은 불안을 더 키웠고, 나의 불안은 목을 답답하게 하는 것뿐만 아니라 몸의 여러 군

데를 괴롭혔다. 그러면서 공황 발작이 시작되지만 이제
는 그러려니 하고 넘어간다.

우리 자율 신경계의 교감 신경계는 위험한 상황에
처했을 때 작동하고, 부교감 신경계는 편한 상태에서 작
동한다. 공황 발작이 올 때, 교감 신경계는 풀가동이다.
정신과 선생님은 공황장애 환자 60%는 호흡을 빠르게
하는 과호흡 증후군을 가지고 있어 복식호흡은 안정을
찾는 데 많은 도움을 준다고 말씀해 주셨다. 가끔 감당
하기 어려운 공황이 오기도 하는데 그럴 때는, 먼저 안
전하다는 것을 믿는다. 그리고 숨을 깊게 마시고, 깊게
뱉는 복식호흡을 한다.

선생님과 공황에 대해 공부했다. 어떤 원리로 내게
공황이 다가오는지 배웠고 공황을 만드는 나의 생각들
을 들여다봤다. 들여다보니 나는 부정적인 것에만 얽매
여 헤어나지 못하는 사람이었다. 어떤 일을 해석할 땐,
확대 해석하는 경우가 많았고 그 결과 공황이 더 심해

진 거였다. 그런 인지 오류는 나의 경험에 바탕을 둔다고 한다. 나의 인지 오류를 찾고, 수정하는 데 노력을 기울였다.

오늘 하루가 감사한 것인지 몰랐다. 아침에 일어나 들리는 새소리와 따스한 햇볕이 이렇게 행복한 것인지 몰랐다. 인생이 마냥 즐겁지는 않지만, 작은 것에 감사할 수 있기에 행복하다. 공황이 내게 준 건 감사였고, 모든 것에 감사하면서 내가 받은 선물은 행복이었다.

09

어차피
너 혼자 살 수 없어

라디오에서 노래가 한 곡 나온다. 중년의 잔잔하고
도 깊은 목소리다. 괜스레 마음이 울적해진다. **"음악을
듣고, 책을 읽고, 영화를 보고 사람들을 만나고… 우습
지만, 예전엔 미처 하지 못했던 생각도 많이 하게 돼"**
'외롭다'라는 단어가 나를 괴롭히고 있다.

아무도 없는 집에 혼자 누워 노래를 듣는다. 노래가
자장가가 될 때 즈음, 세수를 하고 가방을 챙겨 바깥으
로 향한다. 문을 여니 파란 하늘이 왜 이렇게 늦게 나왔

냐며 나를 반긴다. 설레는 마음에 집으로 다시 돌아가 카메라를 챙긴다. 그리고 카페로 걸음을 옮긴다. 카페에 앉아 책을 읽다 보면, 혼자 희열에 젖기도 한다. 집에 가기 아쉬워 친구를 만나 영화를 보러 가고 있다. 우습지만 예전엔 미처 하지 못했던 생각도 많이 하게 된다. 음악을 듣고, 책을 읽으며 혼자만의 시간을 보내는 걸 계속 바라 왔다. 막상 해 보니 행복하다는 만족감보다는 부족하다는 허전함을 더 많이 느낀다.

"어디에나 있는 사람, 어디에도 없는 사람" 나는 나를 이렇게 규정했다. 나는 친구들 사이에서 어디에나 있는 사람이었다. 친구들이 연락하면 언제든지 나갈 수 있었다. 나는 시간이 많고, 정해진 약속이 별로 없는 사람이었다. 그리고 언제든지 친구의 고민을 들어줄 여유도 넉넉했다. 그 고민에 공감하며 친구의 든든한 버팀목이 되어 줬다. 하지만 나는 한때 어디에도 없는 사람이었다. 그 어디에도 없었다. 학교를 다닐 땐, 학교에 있는 학생이었다. 학원을 다닐 땐, 학원을 다니는 학생이었다.

한 책에서는 아무도 없는 황야 그러니까 어디에도 속해 있지 않고, 혼자 서 있을 수 있어야 한다던데 그때는 그럴 힘이 없었다.

나의 가치는 타인이 인정할 때에만 나온다는 말이 있다. 처음에는 거부감이 많이 느껴지는 말이었지만 이제는 이 말의 참뜻을 안다. 아무리 내가 멋지고, 잘나고, 자유로운 사람이라고 나의 가치를 더해 봤자 타인이 인정하지 않으면, 그런 사람이 될 수 없다.

"돈 많은 백인이 피아노 치라고 돈을 주지. 문화인 기분 좀 내 보려고 하지만 무대에서 내려오는 순간 그 사람들한텐 나도 그냥 깜둥이일 뿐이야. 그게 그들의 진짜 문화니까. 그런데 하소연할 곳도 없어. 내 사람들도 나를 거부하거든. 자신들과 다르다면서. 충분히 백인답지도 않고, 충분히 흑인답지도 않고, 충분히 남자답지도 않으면 난 대체 뭐지?" 영화 〈그린 북〉의 돈 셜리 박사님과 비서 토니 발레롱가와의 대화이다.

자유롭고 싶어서 선택한 자퇴, 자유로워서 좋았지만 나는 충분히 학생답지도 않았고, 충분히 자퇴생 같지도 않았고, 충분히 나답지도 못했다. 그래서 홀로서기가 더 어려웠던 것 같다. 자퇴 후 가장 고단했던 건 타인의 시선, 어른들의 조언, 편견이 아니었다. 바로, 소속감이었다. 그렇다고 해서 타인의 시선, 어른들의 조언, 편견이 없었다는 건 아니지만 그중에 하나를 꼽으라면, 무조건 소속감이다.

소속감은 소속이 되어 있다고 느껴지는 감정을 말한다. 나는 나한테 그게 중요한지 몰랐었다. 몰라서 더 크게 당했다. 소속감이 없어지면서 내 존재를 의심했다. 자연스레 나의 자존감도 낮아졌다. 내가 나를 사랑할 여유가 하나도 없었다. 내 마음에는 큰 구멍이 있었다. 그래서 대안학교를 다니기도 했으며, 혼자 있는 시간을 의도적으로 줄이기도 했다.

구멍 난 항아리 물을 붓는 건 아무 의미가 없다. 아

직도 무엇이 최선인지는 확신할 수 없지만, 그래도 이거 하나는 안다. 예상치 못한 힘듦을 주었던 소속감이 내게 말해 준 건 "너 혼자 살 수 없어"였다. '내 주변 사람들은 왜 이래?'라며 가끔 불평하기도 한다. 좋았던 사람들의 결점밖에 안 보이고, 결점은 다른 좋은 것들을 보지 못하게 할 때가 있다. 나도 그땐 모든 게 싫다. 하지만 한편으로는 위안한다. 결국 그 사람들 덕분에 나도 잘 있으니까. 싫더라도 그 사람들 덕분에 내가 잘 있을 수 있으니까. 그 사람조차 없으면, 너무 힘들 거다. 오늘도 내게 소속감을 느끼게 해 주고, 자존감을 만들어 주는 주변 사람들에게 고맙다. 또 앞으로 혼자서도 잘 있을 나를 응원한다.

10

이 길의 끝은
행복일까

인생이라는 길을 걷다 보면 혼자 걷고 있는 것 같고, 주변이 암흑처럼 아무것도 안 보일 때가 있다. 남들이 가는 길에서 나올 때 그랬다. 원래 나는 남들이 다 가니까 '그럼 뭐 나도 가야지'라며 항상 따라가는 사람이었다. 어느 순간 이게 아닌 것 같다는 생각이 들었다. '과연 이 길의 끝은 행복일까?' 아닌 것 같았다.

의심을 불러일으킨 건 교육이었다. 정현지 작가님의 『학교에 배움이 있습니까?』에는 이런 내용이 나온다. "한 교사가 학생에게 현재 교육의 문제에 대해서 물었다. 학생은 다음과 같이 대답했다. 18세기의 교육 행정으로, 19세기의 교실에서, 20세기 선생님들이, 21세기 학생들을 가르치는 것" 이 말은 나에게 큰 울림이었다. 학교를 좋아하지 않았을 때, 책도 좋아하지 않았을 때 묵묵히 내 방 책장에 꽂혀 있던 책이었다. 무심코 꺼내든 이 책은 무심코 내 마음을 후벼 팠다. 한 학생이 내가 고민하고 있는 것들에 공감해 주는 것 같아서 좋았으며, 한국 교육의 실제를 너무나도 잘 반영한 것 같아 감동이었고, 슬픔이었다.

저 책을 계기로 나는 책을 사랑하게 되었고, 학교를 떠났다. 단순히 저 책에 감동받아 자퇴를 한 것은 아니었지만, 그동안 내가 학교에 대해, 인생에 대해 생각해 왔던 것을 책을 통해 정리하고 나니 자퇴를 결정할 수 있었다.

강수돌 교수님은 『노동을 보는 눈』에서 "삶은 노동"

이라고 했다. 살아남는 것이 삶의 목표이며, 회사 동료가 잘려 나가는 모습과 망하는 주변 기업을 볼수록 이 생각은 더 강해진다고 한다. 경쟁은 사람을 치열하게 만든다. 치열해지면 경쟁할 수 있지만, 다른 것들은 그 뒤에 묻혀 버린다. 나는 그게 무서웠다. 내가 가고 있는 길이 맞는 길일까 고민을 했다. 그리고 그 길을 걷고 있는 나를 상상해 봤다. 20년 후다. 참혹해 보인다. 연봉 1억으로 내가 원하는 자유로운 삶을 살 수 있을까. 연봉 1억은 대단해 보이지만, 세금과 기본적인 생활비를 빼면, 그렇게 많은 돈이 아닌데……. 집을 살 돈이 부족해 대출을 받았을 테니 은행에 꼬박꼬박 돈도 넣어야 하고, 아직 자동차 할부가 남아 있을지도 모른다. 자녀 교육비도 필요하다. 노후 준비도 해야 되는데. 아마 부족할 거다. 아니, 많이 부족할 거다. 내가 원하는 건 집을 사고, 차를 타고, 교육을 시키며 노후 준비를 하며 사는 인생이 아니다.

모두와 함께 걸은 지 18년이 되었을 때, 비로소 나는

그 걸음을 멈출 수 있었다. 방향을 틀고 나아가는 것보다 그 걸음을 멈추는 것이 더 힘들었다.

걸음을 멈추자 폭풍들이 몰려왔다. 외로움, 공허함, 소속감의 부재 그리고 공황장애. 처음에는 너무나도 당황스러웠고, 무서웠다. 그래서 하고 싶지 않은 것들을 마구잡이로 시작했다. 뭐라도 열심히 하면 괜찮아질 것 같았다. 하지만 결코 좋은 방법이 아니었고, 몸과 마음을 더 상하게 만들었다.

시간이 지나 되돌아보면, 그 시간은 당연한 시간이었다. 모두가 향하는 곳을 향한 걸음을 멈추고 나의 방향으로 가기 위한 과정이었다. 큰 폭풍이 지나가고 나면, 아무것도 없는 평야가 나오고 우리는 평야에 새로운 것들을 만들 수 있다. 새롭게 채우기 위해서는 비울 시간이 필요하다. 나는 비움의 시간을 버티다 조금 휘청거렸을 뿐이다. 만약, 다시 돌아가게 된다면, 혼자만의 시간을 많이 가질 것이다. 나를 힘들게 하는 감정들을 기꺼이 맞이할 것이다.

라면을 끓일 때 물의 온도가 100도가 되면 수프를 넣고, 면을 넣는다. 100도는 물이 끓는 온도로 라면을 가장 맛있게 만든다. 가끔 텔레비전을 보다 라면을 끓이던 것을 깜빡할 때가 있다. 그러면 물은 다 사라지고, 라면은 제맛을 잃는다. 우리는 인생에서 가장 뜨거운 순간을 청춘이라고 말한다. 라면이 가장 맛있어질 때가 100도인 것처럼 청춘은 가장 뜨거운 순간이며 깊은 경험을 많이 담을 수 있는 시간이다. 하지만 온도를 잘 유지하지 못하면, 지금 담고 있는 것은 물론이고 그동안 담아 왔던 것들까지 다 잃어버리고 만다. 그러니까 지금이 뜨겁지 않다고 다른 사람들과 비교하지 않았으면 좋겠다. 또 너무 뜨겁다고 무리하지 않았으면 좋겠다. 소중했던 시간과 소중한 시간을 위해서 말이다. 준비가 안 되었을 땐, 눈앞의 맛있는 라면도 놓칠 수 있는 것처럼 너무 조급해하거나 무리하지 않았으면 좋겠다. 천천히 청춘의 온도를 조절하자.

11

힘 빼기 5년 차

사람을 만난다는 것은 행복의 연속이며, 오해의 연속이다. 영원할 것만 같은 행복과 피 터지는 오해 그리고 갈등을 넘나든다. 그동안 생각보다 많은 여자 친구를 만났다. 내 입으로 말하기 부끄럽지만, 내가 생각하기에 사람 제준은 꽤나 좋은 사람이다. 누구라도 곁에 있고 싶을 만큼 많은 여운을 남기며 따뜻한 사람이다. 반면에 남자 친구 제준은 그렇게 좋은 사람이 아니었다. 상처와 아픔을 주는 사람이었다.

나를 성숙하게 만든 것 중 하나는 다른 사람과의 사랑이 아니었을까.

첫사랑은 퍽 씁쓸했다. 한 번의 고백에 우리는 하나가 되었지만 긴 시간이 흐르지 않았음에도 불구하고, 다시 둘이 되었다. 나의 일곱 번이 넘는 고백은 받아들여지지 않았다. 어렸던 나는 침대에 누워 많은 눈물을 흘렸다.

나는 살면서 "힘 빼라"라는 말을 자주 들었던 것 같다. **무에타이를 배울 때, 관장님은 힘을 빼고 상대를 때리라고 했다. 상대를 때리려면 힘을 줘야 한다. 그런데 때릴 때는 힘을 빼고 때려야 한다고 한다. 어쩌라는 건지. 글을 쓸 때도 힘을 빼라고 한다.** 애초에 글을 쓸 때는 힘을 안 쓴다. 키보드 위 손가락이 춤추는 것 말고는 힘을 쓸 일이 없다. 그마저도 힘을 안 쓰면 대체 글은 어떻게 써야 하는 걸까. 그림을 그릴 때도 마찬가지다. 손에 힘이 들어가면 선은 딱딱해지고, 원하는 방향으로 연필이 잘 움직여지지 않는다. 심지어 힘이 들어간 그림은 지워도 자국이 남는다고 한다. 나는 어떻게 해야 할까. 내가 멍청한 걸까.

아직까지는 학교를 나와 글을 쓰고, 사진을 좋아하는 내 또래를 만난 적이 없다. 그래서 내 또래보다는 어른들을 자주 만난다. 그것도 완전 어른들. 좋은 어른들이며 배울 게 많은 어른들이지만 그렇다고 해서, 친구를 대하듯 어른들을 대할 수는 없다. 어른들과의 만남에서 자연스럽지 못해 나는 평소에 나답지 않게 조용하다는 이야기를 자주 듣곤 한다.

가장 큰 문제는 어른들과 함께할 때의 태도가 친구들과 함께할 때도 이어진다는 거다. 친구와 만나면 괜히 어색한 웃음부터 짓는다. 말을 하기 전, 친구가 어떻게 생각할지 고민하며 혹여 실례가 되지는 않을까 주저한다. 그렇게 고개를 돌리는 습관이 완전히 자리 잡았었다. 어른들과 함께 하는 술자리에서 서로가 서로를 배려하는 덕분에 음료수를 마시는 것에도 부담이 있었다.

힘을 빼라는 말을 들은 지 5년 차다. 처음에는 무슨 소리인지 하나도 몰랐지만, 하도 많이 듣다 보니 이제야 알 것 같다. **힘이 들어간다는 것은 긴장했다는 뜻이다. 긴장을 했다는 건, 유연하지 못하다는 거다. 유연하지 않은 건은 나답지 못한 것이고, 부자연스러운 것은 긴장을 많이 하고 있어 돌발 상황에 대처하지 못한다는 것이다.** 그래서 무에타이 관장님은 잽에 힘을 빼라고 한 것이었으며, 글을 쓸 때는 나다워야 하기 때문에 힘을 빼라고 한 것이었다. 그림을 그릴 때도 마찬가지였다.

무에타이 스파링을 할 때, 약한 잽에도 많은 고민을 했고, 글을 쓸 때는 괜히 어깨를 주물렀다. 그림을 그릴 때는 하도 연필을 약하게 잡아 항상 연필을 떨어트렸다. 그리고 어른들과 있을 때, 힘을 빼지 못한 게 습관이 되어 친구들과 보내는 시간이 괴롭기도 했다. 그런 내가 들어온 말은 "힘 빼라"였다.

무엇이 되라며 조건을 부여하는 빡빡한 사회에서 무

엇이 되지 않아도 된다는 잔잔한 한마디일지도 모르겠다. 그동안 힘을 빼지 못해 참 고생했다. 이제야 알겠다. "힘 빼라"라는 말은 그냥 자연스럽게 하라는 말이라는 것을. 너무 잘하려고 할 때, 긴장해서 나답지 않을 때, 못하면 큰일 날 것 같아 어깨에 힘이 들어갈 때 들은 말이었다. 주변에 힘이 너무 들어가 있는 사람이 있다면 나는 비유 대신 이렇게 말해 주고 싶다. **"못해도 괜찮아요. 자신다운 게 제일 잘하는 거예요"**

12

마태복음 6장 34절

내일의 태양은 뜨지 않을 것이라며 행동했었다. 한강이었다. 우리는 가을 한강을 보러 갔었다. 여름이 지나고 부는 가을의 쌀쌀한 바람을 원했다. 그래서 한강을 걸었다. 배가 고팠던 우리는 한강 맛집 편의점에서 라면을 끓여 큰 벤치에 앉았다. 시끄럽게 떠들면서 라면을 먹고 있을 때, 한 여성분이 걸어왔다. 한 손에는 맥주 한 캔이 있었고, 반대쪽 손에는 슬픔을 한가득 쥐고 계셨다. 그분은 우리 바로 옆 벤치에 앉았다.

슬픈 노래와 한강 야경을 안주 삼아 맥주를 드셨다. 처음에는 여성분이 걸어와서 미어캣처럼 쳐다봤고, 나중에는 우리도 괜히 슬퍼져서 쳐다봤다. 괜히 도와드리고 싶었다.

우리는 그분이 소중한 사람을 잃었을 거라고 감히 추측했다. 바보 같은 추측으로 무언가라도 해드릴 생각이었다. 노트 한 장을 찢어 잘 정리된 글은 아니었지만 진심을 적었다. 돌아가면서 짧은 글을 적어 종이를 채웠다. 세 개의 위로 글이 적힌 종이를 예쁘게 접어 그분 옆에 두었다. 그리고 멀리서 지켜봤다. **그분은 우리의 못난 글을 10분, 20분이 넘도록 봐 주셨다. 오지랖에 화가 나서 그랬던 건지, 작은 위로가 되어서 그랬던 건지는 알수 없었다.**

가끔 그날이 생각난다. 그분은 뭐하고 계실지. 그때 우리 편지를 보고 무슨 생각을 했을지. 편지를 쓰자고 말한 건, 병조였다. 병조는 저녁에 심심할 때 만나서 새벽을 같이 보내는 친구다. 병조는 영화 『죽은 시인의 사회』에서 존 키팅 선생님이 한 말 중, "Carpe diem"라는 말을 좋아한다. 자신의 운명이라 생각할 정도로 그 말을 좋아하고, 실제로 그렇게 살고 있다. 한 번은 내가 병조에게 공황장애를 만나 잃은 것보다 얻은 게 많다고 이야기한 적이 있다.

신사역 1번 출구에서 나와 출판사로 가는 길, 왼쪽에 표지판 하나가 보인다. 표지판에는 '어제의 시내 교통 상황'이라 적혀 있고, 그 밑에는 사망한 사람의 숫자가 적혀 있다. 저번 주에는 한 분도 안 계셨는데, 오늘은 두 분이나 계신다. 역동적인 강남에서도 사람이 죽는다. 죽음은 멀리 있는 것도 아니고, 가까이 있는 것도 아닌 것 같다. 내 옆에 머물러 있는 것 같다.

한때 나를 죽음으로 내몰았던 공황장애에 대해 많은 사람은 '극복'이라는 단어를 자주 쓴다. "이거 많이 먹고, 공황장애 극복해야지", "잠 많이 자서 우울증 극복해야지"한다. **우울증은 내가 안 걸려 봐서 모르지만 적어도 공황장애와 '극복'이라는 단어는 안 어울리는 거 같다.** 극복은 이겨내 나아가는 의미를 가지고 있다. 가만 보면 틀린 말도 아니지만 나는 '함께'라는 단어가 더 잘 어울린다고 생각한다.

항상 함께하고 싶지만, 내가 약해서 그러지 못할 때가 많다. 그렇게 공황이 나를 한바탕 휩쓸고 가면 어색한 웃음이 맴돈다. 나의 인생과 글의 멘토인 분을 애칭으로 "선장님"이라고 부르고 있다. 어색한 웃음이 멈출 때 즈음 나는 문자를 보냈다. 그리고선 나의 힘듦을 말했다. 그러자 선장님이 마태복음 6장 34절 글귀가 적힌 사진을 보내 주셨다.

"그러므로 내일 일을 위하여 염려하지 말라. 내일 일은 내일 염려할 것이요. 한 날 괴로움은 그날에 족하니라"

아침에는 두 개의 알람이 울렸다. 첫 번째 알람의 메시지는 "5분 남음"이었고, 두 번째 알람의 메시지는 "망했음"이었다. 그리고 알람 메시지를 바꿨다. 밤 12시가 되면, 알람이 "오늘도 수고했어. 이제 이빨 닦고 자자"라고 말한다. 아침 8시가 되면, 알람이 "감사한 하루"라고 말해 준다. 알람의 메시지를 조금 더 따뜻하게 바꾼 건 나를 위해서였다. 나는 매일 다짐한다. "현재에 감사하며 순간을 충실히 보내자"라고. 그리고 노력한다. 나의 하루는 감사 그 자체고, 그 순간 좋든, 나쁘든 충실히 보내기에 너무나도 아름다운 순간이라 느껴진다. "**인생이라는 험한 곳에 여행을 왔습니다. 언제 떠날지 몰라 매일 충실하려고 합니다. 언제 떠날지 모른다는 것은 매 순간에 충실할 수 있는 충분한 이유입니다**"

PART

3

내가 누군지 아는
단 한 사람

결국 끝까지 내 곁에 있어줄 나에게

01

'행복'이라는 말이
없는 나라

추운 겨울날, 이어폰을 꽂고 명동 거리를 걷고 있었다. 누군가가 다가온다. 조심스럽게 말을 건다. "혹시 행복하세요?" 나는 행복에는 문외한이다. 내 인생에 있어 행복이라는 단어는 그리 무게가 있는 단어가 아니었다. 그래서 말했다. "아니요"

우리나라는 초등학교에서 6년, 중학교에서 3년을 보내면 고등학교를 간다. 덴마크에는 중학교에서 고등학교로 넘어가는 사이에 에프터스콜레(efterskolle)라는 과정이 있다. 초등학교와 중학교를 다닌 학생 중 30%가 에프터스콜레를 간다. 1년 동안 자신의 관심 분야에 대해 중점적으로 공부하며, 관심사가 같은 사람들과 소통한다. 그리고 그 과정을 통해 자신에 대해서 고민해 보는 시간을 갖는다. 덴마크 에프터스콜레 과정에서 좋은 것들을 모아 한국 교육에 맞게 적용한 곳이 내가 다닌 오디세이 학교다.

좋은 기회가 있었다. 우리 학교에서 덴마크로 여행을 가게 되었다. 에프터스콜레를 운영하고 있는 학교로 가기로 했다. 여행을 가기 전, 그 나라에 대해 검색하는 걸 좋아한다. 설레는 마음을 따라 유명한 곳은 어딘지, 어떤 음식이 맛있는지 검색했다. 이상하게도 휘게라는 단어가 많이 보였다. **휘게(Hygge)는 덴마크어로, '편안함', '안락함'을 뜻한다.** 덴마크에 대해 검색하다 보면 행복이라는 단어가 자주 보인다. 알고 보니, 덴마크는 행복의 나라라고 불리고 있을 만큼 국민의 행복도가 높은 나라였다. 행복에 별 관심이 없던 나는 호기심이 생겼다. 그리고 그 호기심은 나에 대한 고민으로 이어졌다. '행복은 정의할 수 있는 것일까?', '나의 행복은 무엇일까?', '그나저나 나 행복하기는 해?'

덕분에 덴마크에서 많은 사람을 만났다. 나는 행복에 대해 궁금증이 많았다. 한국에서부터 덴마크 사람들에게 행복에 관해 묻고 싶었다. 그들에게 물었다. "혹시 행복하세요?" 그들은 바로 답했다. "행복해" 살짝 이상했다. 내 기준에서 이 질문은 대답하기 쉬운 질문이 아니었다. 그래서 나는 한 번 더 물었다. "행복이 뭐라고 생각하세요?" 많은 종류의 대답이 나왔다. 나는 충격을 받았다.

처음으로 세상의 넓음을 깨달은 순간이었다. 그들은 행복에 대해서 이렇게 말했다. 그들은 행복을 "밥 먹는 것", "노래 듣는 것", "나를 좋게 생각하는 마음을 가지는 것" 그리고 "너와 대화하는 이 순간"이라고 말했다. 그들의 행복은 다양했고, 참 많았다.

살면서 나도 한 번쯤 해 봤던 것들이었다. 어떻게 보면, 굉장히 사소한 것들이었다. 하지만 나는 단 한 번도 사소한 것에서 행복을 찾지 못했었다. 생각하지 못했던 것이다. 나는 그동안 행복에 대한 허상을 가지고 있었던 것 같다. 행복은 내 곁에 머무르고 있는데, 계속 멀리서 찾으려고 했다. 그래서 행복이 어려웠던 거다. 뭔가 대단하고, 뭔가 거창할 것만 같은 허상이었다. 내 인생에 있어 행복은 중요한 키워드가 아니었고, 그런 내가 행복에 대해 알아가는 과정은 순탄치 못했다. 그런 어려움이 허상을 더 키운 것 같다.

요즘 대세는 '소확행'이다. 소소하지만 확실한 행복의 줄임말로 많은 사람이 유행어처럼 쓰고 있다. 덴마크 사람들의 행복을 한국어로 말하면 '소확행'이다. 그들이 행복을 느끼는 것을 자세히 살펴보면, 다른 누군가가 보기에는 별것 아닐 수도 있다. 하지만 그들은 그것에서 행복을 찾아 마음의 주머니에 담는다. 그리고 따뜻한 주머니에서 행복을 꺼내 인생을 아름답게 꾸민다.

03 내가 누군지 아는 단 한 사람

그들의 행복은 큰 곳에서 나오는 것이 아니었다. 사소한 것을 크게 보며 행복을 찾는다. 나에게 필요한 태도는 어디서든 행복을 찾으려 노력하는 태도다. 행복은 눈길이 닿는 모든 곳에 숨어 있었다. 그동안 몰라서 하지 못했던 숨바꼭질을 시작해 봐야겠다. 너무 오래 기다리게 해서 미안하다.

02

꽃을 만나면
사진을 찍어라

여행을 좋아한다. 관광지를 찾아가는 여행보다는 발길 닿는 곳으로 흘러가다 만나는 아름다움을 선호하는 편이다. 여행의 진면목은 일상에서 보지 못한 것들을 여행지에서 발견하고 찾아보는 것이다. 하지만 이보다 더 소중한 것은 여행지의 일상이 녹아 있는 작은 동네, 골목에서 만나는 아름다움이라고 생각한다.

평소에는 그러지 못했다. 나이가 어렸다. 나이가 어려서 혼자 길을 찾고, 음식을 시키고, 놀러 다니는 것이

익숙하지 않았다. 이곳저곳 가고 싶은 마음보다는 두려움 마음이 더 컸던 거다. 그래서 보통 단체로 여행을 갔다. 가이드 한 분이 계시는 패키지여행이었다. 패키지여행의 장점이라면, 다양한 명소를 편하고 알차게 볼 수 있다는 것이다. 자칫 잘못하면 빡빡한 일정에 끌려다니기 쉬우며, 기억에 남지 않는 여행이 될 수도 있지만 말이다.

그래서 자유여행에 대한 막연한 환상이 있었다. 자유롭게 돌아다니고, 우연히 만난 사람과 풍경을 바라보며 잠시 쉬기도 하는 그런 여행 말이다. 마침내 친구랑 자유여행을 가게 되었다. 내 친구 기범이는 나랑 참 다르다. 가끔 어떻게 친해졌나 싶기도 하다. 추구하는 것도, 생각하는 것도 서로 많이 다르지만, 다행히도 여행에 대한 생각만큼은 비슷했다. 우리는 장난 삼아 "일본 갈래?"라는 말을 했고, 8개월 뒤 정말 일본으로 떠났다.

2주라는 시간을 함께했다. 우리는 지역이라는 큰 틀

을 잡고, 그 안에서 즉흥적으로 돌아다니기로 했다. 나의 환상이었던 자유여행을 가게 되면서, 많이 설랬다. 이곳저곳을 갔다. 유명한 곳부터 카메라에 담았다. 그리고 발걸음 옮겨 아무도 가지 않는 골목으로 갔다. 그렇게 우리의 여행을 시작했고, 그렇게 우리의 여행은 끝냈다.

"목적지에 닿아야 행복해지는 것이 아니라 여행하는 과정에서 행복을 느낀다"라고 앤드류 매튜스가 말했다. 즉흥적으로 다니다 보니 재밌는 점이 많았다. 현지인들만 갈 것 같은 식당에서 먹었던 밥이 엄청 맛있었던 기억부터 허름한 곳에서 허름한 맛의 음식이 나왔던 기억, 무심코 길을 걷다 마을 축제 현장을 만나 함께 즐긴 기억들까지 우리는 '예상치 못함'에서 많은 즐거움을 느꼈다. 이런 생각이 든다. '즉흥적으로 다니며 예상할 수 없는 새로움을 맞닥뜨리는 것이 여행의 진짜 맛 아닐까?'

여행 마지막 날, 우리는 야식을 먹으며 함께한 여행이 어땠는지 이야기를 나눴다. 기범이는 과정의 아름다움을 만날 수 있었던 여행이라고 했다. 나도 그렇게 생각했다. 그동안 목적지에 가는 것에만 충실했다. 일본 여행을 하면서 그렇게 하지 않아도 알찬 여행을 보낼 수 있음을 알았다. 목적지에서 만나는 즐거움도 당연히 누려야 하지만, 목적지로 가는 길에 만나는 아름다움 또한 당연히 누려야 된다 생각한다. 놓치기에는 너무 아깝다.

이번 여행에서는 우리의 발길이 닿는 곳이 목적지였고, 내딛는 한 걸음이 여행 그 자체였다. 일본 여행을 통해 알게 된 것은 단 하나, 전부였다. 여행의 참맛, 그 전부를 깨달았다. 목적지로 가며 잠시 옆을 둘러보고, 뒤를 돌아볼 때마다 대단한 아름다움과 마주쳤다는 것, 그게 이번 여행에서 만난 행복이었다.

영화 〈어바웃 타임〉의 주인공은 시간을 되돌릴 수 있는 능력을 가졌다. 영화의 끝자락에서는 주인공이 살아왔던 인생을 다시 사는 장면이 나온다. 그러면서 그는 일상의 아름다움을 놓치고 있었음을 깨닫는다. 인생을 산다는 것은 하나의 길을 걷는 것이라고 생각한다. 우리는 대부분 목적을 향해 바쁘게 달려간다. 똑같은 길을 가더라도 뛰어갈 때 다르고, 걸어갈 때 다르다. '얼마나 빠르게 가느냐보다 어떻게 가느냐가 중요하지 않을까?' 인생이라는 길을 걸으며 행복할 수 있다는 것은 내가 만든 목표를 향해 걷다 가끔 뒤를 돌아봤을 때, 살며시 웃을 수 있는 무언가가 있다는 이야기다. 나도, 우리도 이제는 조금의 여유를 가져 보자. **지하철을 타고 가면서 예쁜 한강 노을도 보고, 지나가다 만난 예쁜 꽃 사진도 찍고, 엘리베이터에서 만난 이웃에게 따뜻한 인사도 전하자. 인생을 음미하자.**

03

나를 향한 칭찬이
비난으로 바뀐다면?

'개쌍 마이웨이', 누가 뭐래도 내 갈 길은 내가 간다라는 말이다. 가는 길에 따라서 평가가 달라지기는 하지만, 내 주변에는 저 말을 외치며 남의 시선 따위 신경쓰지 않고, 자기의 길을 가는 사람들이 많았다. 나 역시도 그랬다. 남의 시선은 가볍게 무시하고, 내 할 일에 집중했다.

중국 당나라 때, 인물 평가 기준 중 하나로 '좋은 말'을 꼽았다. 평소 대화할 때 사용하는 일상 언어를 포함

해 누군가에게 무언가를 전달할 때 쓰는 언어도 중요하게 생각했다. 나 역시도 말이 중요하다 생각한다. 강사라는 꿈을 위해 스피치 전문 학원에 등록했다. 수업에 나오는 사람들의 연령대는 대부분 20대 중반이었다. 남자보다는 여자가 더 많았다. 네 달 정도를 다니면서 '대단하다'라는 말을 정말 많이 들었다. "내가 준이 나이 때는 안 그랬는데", "부럽다", "진짜 멋있어요"와 같이 감사한 말들이었다.

독서 모임을 갔다. 이곳의 연령대는 30대였다. 책 읽는 법을 배우고 책 이야기를 나누는 독서 모임이었다. 여기서도 마찬가지였다. 나를 향한 칭찬과 응원이 많았다. 이곳뿐만 아니라 내가 만나는 사람들은 대부분 나에게 좋은 이야기를 해 주었다.

스스로 나 자신이 대단하다고 생각한 적이 단 한 번도 없었다. 있지도 않은 대단함을 인정받고자 이렇게 사람들을 만난 것도 아니었다. 단지, 나의 목적에 맞게 행

03 내가 누군지 아는 단 한 사람 |

동한 것뿐이었다. 처음에는 얼떨떨한 마음에 부끄러웠지만, 나중에는 칭찬이 오는 것을 즐겼다. 너무 즐긴 나머지 강한 자아도취 상태에서 겸손을 잃은 적도 있었다.

어느 날, 문득 이런 생각이 들었다. "나를 향한 칭찬이 비난으로 바뀐다면?"

온몸이 굳었다. 너무 무서웠다. 지금 내게 칭찬을 해주는 사람 중 단 한 명이라도 쓴소리를 하면 나는 죽을 것만 같았다. 새롭게 생긴 생각이 나를 지배하면서부터 사람들의 칭찬을 대하는 나의 태도는 180도 변했다.

일주일에 두 번, 주제에 맞는 스피치를 했다. 평소에는 안 그랬지만, 발표하는 날에는 일주일 전부터 긴장을 하고, 평소보다 많은 연습을 했다. 긴장한 상태니 좋은 결과는 당연히 나오지 않았다. 독서 모임에서 이야기를 할 때도 마찬가지였다. '혹시나 내 이야기가 틀에 벗어나면 어쩌지?', '누군가 나를 이상하게 보면 어쩌지?'

라는 생각에 아무 말도 하지 못했다. 나는 과정보다는 결과에 초점을 두었다. 그 초점을 바꿀 수가 없었다. 칭찬은 부담을 만들었고, 부담은 과한 긴장을 만들었다. 좋은 결과가 중요한 게 아니라 그것을 위한 알찬 과정이 더 중요함을 그때는 몰랐다.

나는 완벽주의자가 되었다. 아니, 가능하지도 않은 완벽주의를 꿈꾸게 되었던 것 같다. 실패에는 민감하게 굴며, 준비가 안 될 경우에는 발표하는 자리를 의도적으로 피했다. 공적인 만남에서 오는 칭찬이 대부분이었으니 공적인 만남에서는 물론, 나중에는 친구들과의 사적인 만남에서도 많은 부담을 느꼈다. 내가 만들어 낸 타인의 시선에 사로잡혀 말하는 것 자체에 무서움을 느끼게 되었다. 행동을 하기 전에 두려움이 앞섰다.

"아니, 너 힘든 건 알겠는데 그렇게까지 힘들어할 이유가 있어? 봐봐. 잘 생각해 봐. '남의 시선'이 나쁜 거야? 어떻게 생각해 너는? 나는 그렇게 생각하지 않아.

오히려 우리는 남의 시선이 있기에 더 잘 살 수 있어. 만약 남의 시선이 없다면, 너는 그 어디에서도 사랑을 받지 못할 거야. 네 마음대로 하면 되니까. 남의 시선을 의식하는 게 과하면 힘들어지지만, 남의 시선을 잘 활용하면 더 행복해져"

사랑하는 나의 친구가 말해 줬다. '타인의 시선'은 애초에 나쁜 것이 아니었다. 혼자 살 수 없는 인생이다. 타인의 시선은 너무나도 당연한 것이었고, 나는 그것을 잘 활용하면 되었다. 타인의 시선에 사로잡혀 움직이지 못하는 나를 만들지 않도록 하는 주의해야 한다. 타인의 시선에 상처 받지 않고, 한 걸음 더 나아갈 수 있는 소중한 사람이 되기를 바란다.

04

사람을 무서워하지만,
사람을 만나는 것은 좋아합니다

우리는 사회적 동물이다. 나 자신도, 내 앞에 있는 사람도, 집에 있는 가족도 사회적 동물이다. 사전에서는 인간이 개인으로서 존재하고 있어도 그 개인이 유일적으로 존재하고 있는 것이 아니라, 끊임없는 타인과의 관계 속에 존재한다는 생각에서 나온 용어라고 말한다. 아무리 혼자 있는 게 좋아도, 무인도에서 살지 않는 한 끊임없이 사람들과의 관계 속에서 존재한다는 것이다. 무인도에 가더라도 인간을 경험한 인간이 관계에 벗어나는 것은 쉬운 일이 아니리라고 생각한다.

저마다 인간관계를 고민한다. 누군가는 주위에 사람이 많아서, 누군가는 주위에 아무도 없어서……. 모두 저마다의 이유로 인간관계에 대한 고민을 할 것이다.

초등학교 때 처음 만나 아직까지도 함께하는 친구가 있다. 잘 기억은 안 나지만, 어렸을 때 나는 굉장히 소심했다고 한다. 길을 갈 때는 팔짱을 끼고 다녔더란다.

소심함은 여전하지만, 새로운 사람을 만나는 것은 좋다. 예전에 책에서 본 문장이 기억난다. "사람을 무서워하지만, 사람을 만나는 것은 좋아합니다" 처음에 이 글을 봤을 때 이게 무슨 말장난인가 싶었지만, 많은 사람을 만나다 보니 저 말의 속뜻에 깊게 공감할 수 있었다. 사람을 만나 함께하는 모든 순간은 항상 좋다. 만남에 나오는 감정, 상황들은 항상 행복으로 다가온다. 반면에 이런 걱정도 한다. "나를 좋아하는 사람들 중 내가 좋아서 나와 관계를 맺는 게 아니라, 내가 가진 것의 일부를 좋아해서 나와 관계를 유지하는 사람이 있으면 어떡하지?" 내가 가진 것도 나의 일부로서 나다. 나의 일부는 시작이 되어 나를 알아가는 계기가 되기도 할 것이다. 하지만 나의 일부를 목적으로 내 곁에 있는 사람이 있다면, 많이 슬플 것 같다.

이처럼 인간관계는 수많은 걱정과 불안을 낳는다. 길을 걷다 만난 친구가 나의 인사를 안 받아 줄 때, 서먹한 친구에게 말을 걸었는데 무시당했을 때, 믿었던 친구에게 배신을 당했을 때, 누군가 나에 대해 험담을 하고 다닐 때와 같이 인간과의 관계는 고민 덩어리다.

오랜 시간 동안 내 머릿속을 헤집는 글이 있다.
"우리는 모두 보이지 않는 얇은 실로 연결되어 있다" 라는 이야기로 시작하는 인간관계에 관한 이야기를 풀어낸 글이었다. 내 주변에 있는 사람들과의 첫 만남을 돌아보면 참 재밌다. 집 앞, 삼거리에서 자전거 타다 만난 친구는 없어서는 안 될 소중한 절친이 되었고, 2년 동안 너무 싫어 무시했던 친구랑은 매일같이 만나고 있다. 웃고, 울고, 싸우며 가장 뜨겁게 3년을 보낸 친구와는 길을 가다 만나도 아는 척조차 안 한다. 심지어 평생 동안 한 번도 본 적 없는 사람이 영원을 약속할 만큼 내 마음의 전부를 차지하기도 한다. 우리는 정말 모두 보이지 않는 얇은 실로 연결되어 있을지도 모른다.

보이지 않기에 인간관계가 알 수 없는 거였나. 노력을 해도 안 되는 관계가 있고, 노력하지 않아도 이어지는 관계가 있는 건 우리를 묶고 있는 실 때문일까. 인간관계로 힘이 들 때면, 가끔은 포기한다. 아무리 노력하고, 공부해도 안 될뿐더러, 실제랑은 완전 다른 경우가 대다수이기에 내 능력 밖이라고 생각하는 편이다. 오히려 그럴 때 생기는 자연스러움이 뜻밖의 좋은 결과를 만들기도 한다. '좀 더 잘해야지', '좀 더 편하게 해 줘야지'라는 생각이 나의 행동을 부자연스럽게 만든다.

아빠한테 "인간관계는 모호함 그 자체인 것 같아요"라고 이야기했다. 그러자 아빠는 이런 이야기를 했다. "인간관계는 모호함 그 자체이지만, 인간관계를 잘하는 방법 중 하나는 모호함 속에서도 대범함을 잃지 않는

것 아닐까?"

언제든지 무시받고, 비웃음거리가 될 때도 있으며 사랑받지 못할 때도 있다. 그럴 땐 대담함을 잃지 말자. 모든 문제의 답이 내 안에 있는 것은 아니다. 하지만 나도 모두를 존중하기는 어렵고, 이해하기 어려우며, 당연히 모두를 사랑할 수도 없다. 상대도 마찬가지다. 의도를 가졌든, 안 가졌든 모든 건 인간의 작은 실수 중 하나인 것이다.

05

내가 나를 제일 모른다

예전에는 소개팅이 있었다. 요즘은 "여소", "남소"라는 단어로 사람들을 쉽게 만난다. 얼굴을 보지 않고 갖는 만남에 거부감이 많이 줄어든 것 같다. 소개를 받아 연락을 하면, 우리는 평소에 전혀 쓰지도 않는 말투로 질문을 한다. "나이는 어떻게 되세요?", "취미는 어떻게 되세요?" 서로에 대해 알아가기 위해서다.

우리 집에 가려면 잠실역에서 버스를 타고 15분을 기다리면 된다. 피곤에 한껏 젖어 맨 뒷자리 구석에 앉았다. 구석에 앉으면 이상한 안정감이 느껴진다. 이어폰을 귀에 꽂고, 창밖 풍경을 바라보고 있었다. '이 벚꽃도 지겠지' 버스가 어느 정류장에서 멈췄다. 하나의 포스터가 나의 눈을 사로잡았다. 핑크색 배경에 한 문장이 적혀 있었다.

"당신은 당신에 대해 얼마나 알고 있나요?"

잘 모른다. 내가 만난 이성에 대해서는 조금이라도 더 알기 위해 수많은 질문을 했지만, 정작 나에게 스스로 질문해 본 적은 없었다. 내가 누군지 고민은 하지만, 제대로 살펴본 적은 없다. 사실, 나도 나를 잘 모른다. 이성을 만나 대화를 나누는 것도 좋고, 재밌는 것들을 하는 것도 좋다. 친구를 만나 노는 것도 좋다. 하지만 나에 대해 아는 것 그러니까 나에 관한 공부도 해야 하지 않을까?

'나는 취향이 없는 사람이다. 누가 뭐 좋아하냐고 물

어보면, "나 그냥 다 좋아해"라고 말했다. 하루는 우리 언니, 형부와 같이 백화점에 갔다. 언니와 형부가 같은 옷을 집고선 말했다. "이거 완전 너 취향이야" '나도 내 취향을 모르는데 어떻게 나의 취향을 알지?' 그렇다. 나는 취향이 없는 사람이 아니었다. 내 취향에 관심이 없는 사람이었다. 나를 오랫동안 봐 온 사람은 나에 대해 잘 알지만, 정작 나는 나에 대해 잘 모르고 있었다. 나는 취향이 없던 게 아니라 나의 취향을 못 찾고 있었던 것이다. 나에게 사소한 관심이 필요하다'

　우리 작은누나의 글이다. 우리는 "좋아하는 게 뭐에요?"라는 흔한 질문에 "몰라요"라고 쉽게 말한다. 어떤 선택이든 상관이 없어 모른다고 하는 경우도 있지만 진짜 몰라서 모른다고 할 때도 있다. 어쩌면 모르는 게 아니라 관심이 없는 게 아닐까. 나는 나를 찾기 위해 '사소한 관심'을 내게 건넸다. 나의 20년보다 조금 적은 인생을 글과 사진으로 정리해 보았다. 아무것도 안 하면서 살았다 생각했는데 생각한 것보다 행복한 곳에서 좋은 생활을 했음을 느낄 수 있었다. 한 번은 선생님의 제안으로 친구와 함께 '친구가 보는 나'라는 과제를 했다. 어려운 건 아니었다. "외향적인 사람인가?", "인간관계에서 어떤 스타일인가?"와 같은 질문을 열 개 만든 후, 일주일 동안 서로의 생활을 지켜보며 보고서를 작성하면 되었다. 일주일이 지나 나는 내가 해 온 생각과 다른 사람이 봐 온 것이 달랐음을 느꼈다.

나는 나 자신에 대해 알기 위해 노트를 꺼내 보기도 했다. 노트를 꺼내 내가 좋아하는 것 100가지를 써 보았다. 30개까지는 쉽게 쓸 수 있었다. 30개가 지나니까 정말 쓸 게 없더라. 2시간이 걸려 100개를 걸려 채웠다. '처음에는 내가 좋아하는 게 많구나'라는 생각을 했다. 30개가 넘어가면서 쓸 게 없었을 때, 그만 쓰고 싶었다. 이왕 시작한 거 끝까지 해 보자 해서 100개를 다 채웠다.

생각이 생각을 낳는 것처럼, 관심은 관심을 낳는다. 사랑하는 사람이 꽃을 좋아한다면, 길을 가다 우연히

본 꽃집에서 예쁜 꽃을 골라 선물하게 된다. 알면 더 챙겨 주게 되고, 더 챙겨 주다 보면 더 알게 된다. 그래서 사소한 관심이 필요하다. 꽃을 좋아하는 사람이 또 다른 무언가를 좋아할지는 아무도 모르니까.

06

솔직해서 좋다

친구를 소개해 준다고 했다. 새로운 사람을 만나는 건 언제나 설렌다. 어떤 사람일지 궁금하다. 궁금해서 사진도 보고, 글도 봤다. 재밌는 사람처럼 보인다. 만나기 전, 궁금해지는 사람이 좋다. 궁금한 사람은 많은 흥미를 일으킨다. 사람은 하나의 우주라고 생각한다. 알다가도 모르는 게 사람이고, 모르는 것 같아도 다 알 것 같은 게 사람이다. 그래서 우주와 우주의 만남은 사소하든, 평범하든 재밌는 일이다.

누군가를 만나기 전, 나는 평소와 다른 사람이 된다. 평소와 다른 사람이라기보다는 나의 최선을 보여 주려 노력하는 거다. 안 자르고 있던 머리도 자르고, 귀찮아서 미루던 면도도 한다. 평소보다 더 깔끔하게 나를 가꾼다. 나의 행동과 언어에 관심을 가지고, 어디 잘못 튀어 나가지 않을까 조심한다. 대부분의 인간관계는 좋은 추억과 기억으로 남아 있다. 그래서 사람을 만나는 일에는 항상 도전적이다.

소개받기로 한 친구가 한 시간 만에 소개를 받지 않겠다고 했다. 우리는 단 한 번도 만나 본 적이 없었으며, 그 어떤 대화도 나누지 않았다. 내가 한 것은 한 시간이라는 시간이 흐를 때까지 기다린 것뿐이다. 단지, 나를 꾸미고 기다렸을 뿐인데 그 짧은 시간 동안 우리 관계는 180도 달라졌다. 당황스러운 기색을 하고 있는 내게 자리를 만들기로 했던 친구가 조심스럽게 말했다. "너 자퇴해서 좀 그렇대" 평일 오전, 교복을 입지 않은 사람이 학생증이 아닌 주민등록증을 가지고 있기 때문에 성인 요금을 내야 한다는 버스 기사님 다음으로 황당한 일이었다.

평범한 고등학생이었다면, 달랐을까. 그 친구를 만나지 못한 아쉬움보다는 자퇴생이라는 이유로 거절당한 상황에 화가 났다. 자퇴생이 죄인인 걸까.

우리는 단어가 연상하는 이미지에 자유롭지 못한 것 같다.

좋아하는 선생님 사라가 타로점을 봐주셨다. 내 인생은 30대를 기준으로 나뉜다고 했다. 30대 이전에는 솔직한 나의 모습으로 인해 주변에 좋은 사람이 많을 거라고 하셨다. 30대 이후에는 삶에 대해, 인생에 대해 깊이 탐구하는 사람이 된다고 하셨다. 원래 이런 건 잘 안 믿지만, 요즘 나의 모습을 보면 소름이 돋는다.

타로점 덕분인지는 모르겠다. 어쨌든, 나는 다시 좋은 사람을 만나게 되었다. 그 사람은 나를 있는 그대로 봐주는 사람이었다. 나를 나타내는 단어를 나열하면 '미성년자', '청소년', '작가', '자퇴생' 등등이 있다. 사람에 따라서, 쉽게 받아들일 수 없는 조합일 수도 있겠다는 생각이 든다. 그런 조합임에도 불구하고 이번에 만난 사람은 나를 감싸고 있는 단어가 아닌 나 '제준'을 바라봐 주었다. 그래서 좋았다.

한 번의 만남으로 모든 것을 알 수는 없다. 만남이 쌓이면, 우리는 점점 더 가까워진다. 알지 못했던 나의 새로운 모습이 드러날 것이다. 그게 무서웠다. 상대가 나에 대해 알게 된다는 것이 두려웠다. 어울리지 않는 단어의 조합을 가진 나의 실체와 마주한 그녀가 반감이 느낄 것 같았다. 그래서 나는 가면을 선택했다. 최대한 나답지 않게 행동했으며 말을 줄였다. 그 덕분일지는 몰라도 우리의 관계는 원만했던 것 같다. 하지만 우리의 관계가 원만해지는 동안 나는 더 힘들어지고 있었다. 내가 아닌 나를 나처럼 생각하고 지내는 게 생각보다 쉬운 일은 아니었다.

좋은 사람이라는 이름은 놓치기 싫었고, 있는 그대로의 나를 보여 주기는 무서웠다. 나의 첫 선택은 회피였다. 처음에는 좋았으나 관계 속에서 점점 진짜 나는 사라져 갔다. 어떻게 될지 몰라도 있는 그대로의 나로 살기 위해 노력했다. 내가 사라진 우리의 관계는 무의미하니까. 그렇게 노력하고 나서 몇 달이 흐르고 들은 이야기는 솔직해서 좋다는 것이었다. 있는 그대로의 나를 만나게 되며, 이해 안 되는 부분도 있었지만 그랬기 때문에 이해되는 것도 많았다고 했다. 덕분에 알았다. 인간관계 고민 해결법 중 하나는 솔직함이라는 것을.

07

세상에서 제일 좋은 운,
자기다운

점심때가 되어서야 머리를 긁적거리며 일어났다. 노
래를 크게 틀어 놓고, 누워 있는 걸 좋아한다. 블루투
스 스피커에 핸드폰을 연결하고, 다시 눕는다. 오늘은
'Queen'의 노래다. 어제 영화 〈보헤미안 랩소디〉를 봤
다. 이전까지만 해도 퀸이 누군지도 몰랐다. 누군가 퀸이
누군지 모른다면, 발을 두 번 구르고, 박수 한 번 치는
것을 반복하라고 했다. 내 귓속에 가끔 맴돌던 노래가
상상 속의 환청이 아니었음을 알았다.

노래를 한창 듣고 있을 때, 엄마가 왔다. 복도에 노랫소리가 다 들린다며 끄라고 하셨다. 그렇다. 나는 민폐남이었다. 노래를 끄고, 컴퓨터를 껐다. 노래만 끄면 되는데 나도 모르게 컴퓨터까지 꺼 버렸다. 바보라는 생각에 멍 때리고 있을 때, 사랑하는 친구에게서 이모티콘 메시지가 하나 왔다. 정확히 무슨 의미인지는 모르겠으나 만나자는 것 같았다.

우리는 같이 밥을 먹었다. 요즘 라멘에 빠져 있는 나는 이번에도 근처 라멘집으로 친구를 이끌었다. 우리는 밥을 진짜 빨리 먹는다. 라멘 같은 면 종류는 5분이면 다 먹는다. 식당에 제일 늦게 들어가 제일 빨리 나왔다. 라멘집 근처 편의점에 가서 이야기를 나눴다. 사실, 요즘 너무 백수같이 살아서 괴롭다. 괜히 친구들 사이에서 백수라는 별명이 나오는 게 아니다.

많은 고민이 있다. 사랑에 대한 고민, 사람에 대한 고민, 공허함에 대한 고민 등등……. 행동과 말에 대한 고민은 꼬리에 꼬리를 물고, 사람에 대한 고민은 난해하다. 좋은 사람이 되고 싶었지만, 사실 좋은 사람이 어떤 건지 모르겠다.

좋은 사람은 착한 사람을 말하는 걸까. 훈훈한 사람을 말하는 걸까.

혼란의 도가니다. 요즘은 너무 공허해서 미치겠다. 마음이 공허하면 뭘 해도 재미가 없다. 그렇게 좋아하던 맛있는 음식을 먹어도 그냥 그렇다. 나는 새우의 식감과 특유의 맛을 사랑한다. 그러나 공허할 때 먹는 새우는 꾸물거리는 귀여운 동물에 지나지 않는다.

그렇게 오늘 하루가 끝났다. 뭘 많이 했는데, 아무것도 기억이 안 나는 하루다. 침대에 누워 눈을 감으니 동화 한 편이 생각난다.

토끼가 아기 캥거루한테 물었어요. "너는 누구니?" 그러자 아기 캥거루는 대답했어요. "나는 울보 캥거루야. 하지만 커서 멋진 어른 캥거루가 될 거야" 토끼가 올

챙이에게 물었어요. "너는 누구니?" 그러자 올챙이가 말했어요. "나는 겁쟁이 올챙이야. 하지만 커서 멋진 개구리가 될 거야" 토끼가 어린 백조한테 물었지요. "너는 누구야?" 아기 백조는 대답했어요. "나는 귀여운 아기 백조! 커서 하늘을 나는 멋진 백조가 될 거야"

이 동화에서 아기 동물들은 멋진 어른이 되기를 꿈꾼다. 동화가 잘못된 건 아니나 이런 생각이 든다. 왜 굳이 멋져야 할까? 멋지지 않아도 어른이 될 수 있지 않을까? 멋있는 게 어른이라면, 세상엔 어른이 아닌 어른이 너무 많다. 멋있기만 한 게 어른이라면, 어른이 되고 싶지 않다. 어른다운 것은 무엇이며, 나다운 것은 무엇일까. 이모티콘 하나를 보낸 친구와 만나서 나는 그 기준을 가지고 의견을 나눴다. 학교에서 공부만 했으면 이런 고민도 안 했을 나인데, 나다움에 관해 오래 이야기를 나눴다. 나의 고민은 '10대다움'이었다. 10대의 대부분은 학생이다. 초등학교, 중학교, 고등학교를 다니는 학생이다. 하지만 나는 자퇴를 했고, 책을 쓰고 있기에 일반적인 10대다움과는 거리가 있다.

10대다움과 거리가 먼 것 같다는 나의 고민에 친구는 편의점에서 새우깡 과자를 집으면서 말했다. 애초에 '10대다움'이라는 것은 없다고. 그 기준은 자기가 만들면 된다고 했다. 애초에 기준은 없었다. 누군가는 기준에 벗어나면 틀렸다고 말하지만, 하나의 기준으로 옳고 그름을 판단하는 것은 정당하지 않다고 생각한다. 10대다운 것도 어렵고, 나다운 것도 어렵지만, 나는 나다움을 골랐다. 제주도에 갔을 때, 게스트하우스 사장님이 말했다. **"세상에서 제일 좋은 운이 자기다운이야"**

08

그냥,
포기하고 싶다

2018년 5월 29일, 나는 제적증명서를 받았다. 자퇴하기 전, 우리 반 친구들을 다 모아 놓고 자퇴식을 했다. 졸업식에서 서로의 졸업을 정리하고, 축하하는 것처럼 나의 자퇴에 관해 말하고, 자퇴를 축하하는 자리였다. 이날 친구들에게 말했다. **"만약 너희가 내일 당장 시한부 선고를 받는다면, 남은 시간 동안 지금 하고 있는 일을 계속하기를 바라. 지금 하고 있는 그 일이 너희가 가장 원하는 일이고, 너희에게 가장 소중한 일이라서 죽는 날까지도 하고 싶은 일이기를 진심으로 바라"**

자퇴 후 3개월이 지나고 굉장히 바빴다. '앞으로 무엇을 하며, 어떤 일상을 꾸려 갈까'라는 고민으로 시작했다. 의욕이 뿜뿜했다. 소속감이 필요해서 대안학교에 다녔으며, 스피치 수업도 열심히 들었다. 참여단체 활동도 했다. 동시에 사진과 목공에 대한 공부도 했다. 끝이 아니다. 독서 모임을 나가 다양한 사람과 이야기도 나눴다.

그로부터 2개월이 지나 달력은 벌써 11월이 왔다고 말하고 있다. 사람이 바빠서 죽을 수도 있겠다는 생각이 들었다. 쉴 틈이 없었다. 심지어 주말도 없었다. 학교를 나닐 땐 주말이라도 바라보며 버텼는데, 바라볼 것도 없었다. 내가 원해서, 하고 싶어서 시작한 것이라 누구를 탓할 수도 없었고, 누구에게 책임을 미룰 수도 없었다. 그래서 더 절망적이었다. 넘치는 의욕으로 세운 계획은 12월까지 빡빡했다. 힘든 만큼 끝까지 해 보고 싶었다.

'포기하고 싶다'라는 생각이 밥 먹듯이 날 때, 그런 생각을 통해 더 나아가겠다고 마음을 다잡았다. 자존심이 세서 특히 나한테 지는 걸 제일 못견딘다. 9월, 10월, 11월, 12월. 특히 이 4개월은 정말 바빴다. 눈코 뜰 새 없이 바빴지만 그만큼 풍성했던 4개월이었다. 4개월이라는 시간을 보내면서 많은 것을 한 번에 할 수 없다는 한계를 느꼈지만, 인정할 수 없었다. 대충 배울 수 있는 것은 없다는 걸 새삼 깨달았다. 단순히 수업을 듣는 것만 해도 빠듯했지만, 그 지식을 내 것으로 만들기 위해선 수업 그 이상이 연습이 필요했다. 무의미하게 느껴지기도 하고 정말 힘들었지만, 시간이 지나고 보니 모든 순간이 뜨거운 순간이었다.

새해가 되니 그동안 수고한 나에게 선물을 주고 싶었다. 친구와 일본 여행을 계획했다. 2주 정도의 긴 여행이었다. 3일 동안은 오사카, 교토, 나라를 다녀왔고 나머지 시간은 일본인 친구와 보냈다.

꿈만 같았던 여행이 끝나고 쉴 틈 없는 일상으로 돌아왔다. 미룬 일들이 쌓여 있어 더욱 바쁘게 움직여야 했다. 여행도 오래 가면 피로가 독이 되어 여독이 생긴다. 여독을 가지고 빡빡한 일상을 보낼 생각을 하니 숨이 막혔다.

워라밸(Work and Life Balance)은 일과 삶의 균형을 이야기하는 단어다. 요즘 직장인들의 가장 큰 고민이라 들었다. 직장인이 아닌데도 삶의 워라밸이 무너졌다. 단순히 이 밸런스가 무너진 것이라면, 휴식과 조절을 통해 균형을 잡으면 되었지만, 그게 문제가 아니었다. 일과 삶의 균형이 무너지면서 가치의 균형도 잃은 것이다. 가족과 함께하는 시간, 친구와 함께하는 시간이 보잘것없이 느껴졌다. 행복이 아닌 일을 대하듯 만남을 가졌다.

침대에 쓰러져 있었다. 침대 밑에 뭐가 있나? 침대에만 누우면, 생각이 많아진다. 지금의 일상이 계속되어서는 안 된다는 생각에 하고 있는 일에 중요도를 매겨 봤다. 아직 어리고, 경험이 부족하지만 지금의 나에게 가장 소중한 것은 '사랑'이다. 나의 사랑은 누군가를 사랑하는 것뿐만 아니라 나를 위해, 친구를 위해, 연인과 가족을 위해, 세상과 사람들을 위해 힘쓰는 것이었다. 무엇을 지켜야 할지 확실히 알고 나니 어떤 일을 시작하기 전, 갈등이 줄었다.

09

뿌리 깊은 나무가
더 많이 흔들린다

오늘도 인스타그램을 끄적거린다. 이제는 하도 많이 봐서 반복의 반복만 남아 있는 인스타그램. "쓱" 빠른 속도로 내리다 엄지가 아파 잠시 멈췄는데 딱 보이는 게 시물이 있었다. "불확실한 것이 많을수록 가장 확실하게 기댈 수 있는 것은 '나'뿐이다" 책 속 글귀였다.

나에게는 불확실한 시간이 두 번 있었다. 작년 6월에 한 번, 이 글을 쓰고 있는 지금 한 번. 작년에는 갈 곳이 안 보여서 불확실했고, 지금은 어디로 가고 있는지 몰라 불확실하다.

자퇴 후 세 달 동안은 놀면서 행복했지만, 그다음은 지옥 그 자체였다. 혼자 노는 걸 싫어하지 않았지만, 그 시간이 길어지다 보니 지루함이 생기고 외로워졌다. 외로워지니까 친구들이 보고 싶었다. 그럼 친구들을 만났다.

더 외로워졌다. 친구들 사이에 있는 내가 한심해 보였다. 군중 속의 고독, 관계에 대한 갈증이 심해지자 소속감의 부재가 절절히 느껴졌다. 혼자 있어도 외롭고, 친구들과 있으면 더 외로운……. 내가 기대어 소속될 곳이 어디에도 없었다. 순간순간이 괴로웠다.

뿌리가 약한 나무는 풍랑에 쓰러지지만, 뿌리가 강한 나무는 풍랑을 이겨 낼 수 있다. 그렇다고 해서, 뿌리 깊은 나무가 안 흔들리는 건 아니다. 오히려 더 많이 흔들린다. 깊은 뿌리만큼이나 울창한 가지와 무수한 나뭇잎이 바람에 부딪히며 더 많이 흔들린다. 뿌리 깊은 나무가 쓰러지지 않는 건 흔들리지 않아서가 아니다.

나뭇가지와 나뭇잎이 쓰러질 듯이 흔들려도 모든 것을 지킬 뿌리의 힘이 있기 때문이다. 지금은 그때에 비해 많은 것이 정리가 되었다. 시궁창 같은 길을 청소하고, 뿌리를 보다 멀리 그리고 깊게 내디디는 시간을 보냈다. 나는 흔들리지 않는 사람이 되면 안 되는 거였다. 흔들리지 않는 사람보다는 흔들림을 견뎌 낼 수 있는 사람이 되어야 했던 거다. 자퇴 후에 겪었던 지옥 같은 폭풍우는 흔들림을 견딜 수 있도록 나를 단단하게 하는 시간이었다. 근육도 찢어지면서 커진다. 나도 그랬나 보다.

　"바다를 떠내려가며 나뭇가지와 타이어를 잡고, 뗏목을 만들고 가다 보면, 배가 옵니다. 배를 타고 가다 보면 크루즈를 만나 여행을 즐길 수 있게 됩니다. 풍족한 섬에 도착해 다음 여행을 떠날 준비를 하고 또 그렇게 새로운 파도에 몸을 맡기는 것이 인생이 아닌가 생각해 봅니다" 독서모임에서 만난 정유안 작가가 한 말이다. 인생이란 건 변화 속의 변화가 아닐까. 방황했던 시간에는 절망했다. 그래서 눈에 보이는 걸 다 했다. 나뭇가지와 타이어였다. 그렇게 이것저것을 하며 만들어진 건 새로운 나였고, 그런 나를 말하는 책이었다. 잠시 신나 즐길 때 즈음, 나도 모르게 새로운 파도에 몸을 맡기고 있었다.

'흐르는 곳에서 흐르다 보면, 어느새 도착하겠지' 내가 항상 생각하는 말이다. 멈춰 서지 않으면 언젠가 내가 원하는 곳에 도착할 수 있다고 생각한다. 늦더라도, 끝까지 믿는다면. 지금 하고 있는 것들이 어떤 일을 만들고, 어떤 영향을 끼칠지는 모르겠다. 하지만 계속 가다 보면 어느새 도착할 것이다. 그렇게 파도를 즐기려고 한다.

나는 나를 힘들게 만들다. 나는 나를 행복하게 만들다. 나를 괴롭히는 동시에 나를 감동시킨다. 나라는 존재가 그런 것 같다. 딱 애매한 곳, 그 사이에 있는 사람. 나도 아직 나를 잘 모른다. 어제는 기분이 너무 좋아 미칠 것 같았는데 오늘은 너무 별로라서 미치겠다. 매일이

헷갈림의 연속이며, 애매함 그 자체다. 한두 번의 강풍은 나를 뒤집어 놓았다. 그 강풍이 지나고 나서 남은 잔잔한 바람은 나에게 중요한 것을 알려 줬다. 결국, 끝까지 내 곁에 있어 줄 유일한 사람은 나다. 풍랑이 난무하는 곳을 벗어날 수 있게 하는 사람은 나밖에 없다. 이제는 도망치지 않을 생각이다.

10

조심히 말해야만 하는 언어, 조언

약해 보일 때, 별 볼 일 없어 보일 때 우리는 주위로부터 많은 간섭을 받는다. 그 간섭이 싫어 친구들 사이에서는 공부를 못해 학교 쫓겨난 제준, 아무 대책 없이 사는 제준, 서울대학교에 합격한 제준이가 되기도 한다.

저번 명절에도 있었던 일이었다. 인사차 오신 친척 중 한 분이 나한테 물었다. '너 몇 학년이니, 공부는 잘 하지? 대학은 어디로 갈 거야?' 폭풍질문이었다. 이것과 비슷한 질문에 준비된 대답은 비슷하다. "고3 올라가요.

너무 무리 안 하고 서울대학교 정도에 입학하려고요!"
예전에는 안 그랬는데 요즘은 이렇게 거짓말을 하고 있
다. 인사로 물어보는 질문에 정색을 하고 대답할 필요가
없다고 생각해서다. 만약에 "저 생각하는 바가 있어서
자퇴했어요. 그리고 작가의 길을 걷고 있어요"라고 대답
하면 어떻게 될까. **악의건 선의건, 이렇게 거짓말을 하는**
이유는 굳이 들을 필요 없는 이야기들로부터 나를 방어
하기 위해서다.

조언은 정말 좋다. 과하면 아프다. 사람을 만나고 돌
아가는 길에 괜히 기분이 나쁠 때가 있다. 세상에는 똑
똑하고, 잘난 사람이 너무나도 많아 넘치고도 넘친다.
그 사람들을 가만히 바라보면 잘난 사람도 두 부류로
나뉜다. 한 부류는 주변에서 시기와 질투를 받고 있는
사람이고, 나머지 한 부류는 주변의 인정과 존경을 받
고 있는 사람이다.

눈에 보이는 것부터 시작해서 눈에 보이지 않는 것

까지 다양한 이유가 차이를 만든다. 다양한 이유 중 잘 난 사람의 주변 사람들을 다르게 만드는 건 언어라고 생각한다. 주변에 적이 많은 사람과 아군이 많은 사람의 언어에는 아주 작은 차이가 있다. 하고 싶은 게 많지만 핑계가 많은 범수를 예로 들어 보자. 주변에 적이 많은 사람은 범수에게 이렇게 말한다. "너는 대체 하루에 몇 시간이나 자는 거야? 안 일어나? 너 그러다가 나중에 어떻게 하려고 그래? 나를 좀 봐 봐" 상상만 해도 짜증 이 몰려온다. 반면에 주변에 아군이 많은 사람은 이렇게 말한다. "범수야, 일어날래? 나도 너처럼 옛날에는 12시 간씩 잤어. 그러다 한 번은 다르게 살고 싶은 마음이 생 기더라. 그래서 그때부터 조금씩 일찍 일어나 글을 쓰기 시작했어. 지금은 짧은 글들이 쌓여서 책이 되었어. 너 도 한번 그렇게 해 보면 어때?" 조금은 오버한 감이 있 지만, 상대를 진심으로 위하는 것 같고, 내가 범수였어 도 변화의 마음이 생길 것 같다.

말을 안 듣는 아들이 자퇴하고, 책을 쓰게 만든 건

부모님의 잔소리가 아니었다. 나의 가족은 내 곁에서 항상 함께해 줬다. 그리고 기다려 줬다. 그리고 다시 함께했다. 하지만 알고만 있었지, 이해는 잘 못 했나 보다. 사람을 만나 이야기 나누며 칭찬받고, 책을 읽으며 생각을 키우고, 여행을 통해 세상을 맛보면서 나는 자만했다. 뭐든 다 알고 있고, 내 생각이 다 맞는 줄만 알았다. 그래서 친구들에게 아는 척을 했고, 너희들과 다르다는 걸 보여 주려 했다. 또한 친구의 말에 "그건 아니지, 이게 맞아"라며 조언을 남발하기도 했다. 잘 살고 있음을 느끼게 하기 위해서 과시하는 말도 자주 했다. 머지않아 자연스레 친구와의 관계가 '우정이 아니라 가르침' 혹은 다른 이상한 모습으로 변했음을 느낄 수 있었다. 역시, 조언은 조심히 건네야만 하는 언어다.

　'우물 안 개구리'라는 말은 자기 우물이 세상 전부라고 생각하는 바보를 비유하는 표현이다. 내가 알고 있는 세상이 전부라고 생각했던 바보가 나다. 내 우물의 깊이는 그렇게 깊지 않았으나 생각이 짧았다. 나는 아는 게 많은 척하며 많은 조언이 독이 된다는 것도 모르고 조언만 해댔다. 그때만 생각하면 참 미안하다. 내가 뭐라고, 그렇게 조언을 했을까. 내 이야기를 하는 것을 좋아해서 그랬다고 작은 변명을 해 본다.

주위에서 많은 조언을 듣는다. 힘든 때일수록 더욱더 많이 받는다. 무자비한 조언을 듣다 보면, 잘 감추고 있던 내 안의 분노를 만나게 되기도 하고 반대로 좋은 조언을 통해 몰랐던 나를 발견하기도 한다. 누군가를 위해 내 생각을 전하는 것은 정말 좋은 일이다. 하지만 더 좋은 일도 있지 않을까. 말 대신에 행동으로 함께하는 게 더 좋고, 더 멋진 일이 아닐까. 내가 힘들 때, 내 곁에 친구들은 내 옆에 묵묵히 머물러 줬다. 한 사람의 열 걸음보다 열 사람의 한 걸음이 더 큰 걸음이라는 말처럼 누군가와 함께한다는 건 참으로 따뜻한 일이다. 주변에 힘들어하는 친구가 있다면, 어깨를 빌려주자. 언제든 기댈 수 있게.

11

나는 왜 좋은 사람이
되어야 하지?

길을 가다 보면, 다른 사람들이 자꾸 쳐다보는 것만 같은 기분이 들 때가 있다. 진짜 쳐다보는 건지는 잘 모른다. 혹시나 하는 마음이 사람 잡는다. 사람들의 시선을 그대로 마주하며 나는 더 당당해지기도 하며, 시선에 주눅 들어 한없이 작아지기도 한다. 사람들로 붐비는 길을 걸을 때, 나는 활력과 역동적인 세상을 느끼기도 하지만 가끔은 아무도 없는 곳에 혼자인 것 같아 사람들의 활력이 내게 위협적으로 다가올 때도 있다. 골목길에서 차 한 대가 "빵빵" 거린다. 정겨운 동네라는 생각에 마음 한 곳이 따뜻해지면서도 '그렇게 마음의 여유가 없을까?'라는 생각에 짜증이 난다.

　집에 혼자 있을 땐, 나만의 공간이 생겼다는 해방감과 자유에 행복을 한껏 느끼면서 동시에 고독에 잠겨 슬픔과 불안을 만들기도 한다.

　괴테는 "내 마음이 온전치 않으면, 상대의 마음을 지배하게 된다"고 했다. 내 마음과 모습에 따라 상황을 해석하는 관점이 달라진다. 길을 걷다 반대편 사람과 눈을 마주칠 때, 내 모습이 깔끔하고 기분이 좋으면 헛된 망상을 하기도 하지만, 내 모습이 잠자기 전 굉장히 자연스러운 모습과 다르지 않고 기분도 우울할 때면 '내가 뭐 잘못했나'라는 생각에 사로잡힌다. 마음이 온전할 때 사람들이 많이 있는 백화점이나 거리를 걸으면 내가 살아 있음이 생생하게 느껴진다. 반대로 마음이 온전치 않을 때는 사람들의 빠른 움직임이 나에게는 날카로운 차가움으로 다가온다. 나는 나의 외적 모습과 내적 모습에 많은 영향을 받는 사람이다. 기분 때문에 친구의 장난이 웃음에서 정색으로 변하는 게 하루 이틀 일이 아니다.

기록 강박증도 있다. 머릿속에 떠오른 생각이 그대로 떠나는 걸 지켜볼 수가 없다. 일종의 영감 같은 게 떠오르면, 무엇을 하고 있든 메모장에 적는다. 일정 수준의 기준을 맞추지 못하면 포기를 못 한다. 가끔 그 기준들이 가혹하게 여겨질 때도 있다.

생각하지 않고 살면, 사는 대로 생각하게 된다고 한다. 그동안 어쩔 수 없이 사는 대로 생각했다. 주변에서 하는 이야기, 사회에서 당연하다고 말하는 여러 조건은 나 자체가 된 지 오래였다. 그런 이유들로 있는 그대로의 나를 찾는 강박이 생겼다. 이런 내가 싫었다. 주변에서 하는 이야기가 지금은 맞지만, 나중에는 틀릴 수도 있다. 지금 사회에서 말하는 조건은 완벽한 것이 아니다. 과거의 미인과 현재의 미인의 모습이 완전히 다른 것처럼.

그 조건들로부터 벗어나고 싶었다. 그래서 모든 것에 '왜?'라는 질문을 던지며 나만의 답을 쌓아 갔다. 그런 과정이 내겐 행복한 시간임과 동시에 괴로운 시간이었다. 이해가 안 가는 것이 늘어났다. '나는 왜 좋은 사람이 되어야 하지?', '좋은 사람은 뭐지?', '있는 그대로의 사람이 좋은 사람인 건가?', '좋은 사람이란 건 사회의 기준에 가장 잘 맞는 사람인 건가?' 한 철학책에서는 "왜"라는 질문이 엉뚱한 곳으로 가게 되면, 사는 게 괴로워진다고 했다. 그래서 괴롭지만, 그렇게 배움도 늘어난다.

아직은 받아들이기 어렵지만, 인정해야만 하는 것들도 존재한다는 것을 느낀다. 그래서 나의 모습 있는 그대로 보듬으려 한다.

좋은 모습부터 싫은 모습까지도. 지금의 나에게는 적어도 이게 필요한 것 같다. 시간이 지나 지금과는 다른 사람이 되었을 때, 다른 사람들에게 어떤 평가를 받을지는 모르겠다. 사회적으로 인정받는 사람으로서, 과거에 대한 평가가 좋지 않을 수도 있겠다. 하지만 좋은 평가를 받기 위해서는 지금의 과정이 반드시 필요하기에 계속한다. 아기도 걷기 위해서 수없이 넘어지고, 부딪친다. 나도 어른이, 아니 내가 되기 위해서 수없이 넘어지고, 부딪치고 있다. 완전한 내가 되기를 바라고 하는 행동이 아니다. 온전한 내가 되기 위함이다.

픽셀은 디지털 이미지를 이루는 가장 작은 단위로, 네모난 모양을 하고 있다. 텔레비전, 모니터, 핸드폰 화면은 모두 작은 픽셀로 이루어졌다. 먼 우주에서 지구를 카메라로 찍었을 때, 지구는 한 픽셀에 불과하다. 아주 작다. 나는 픽셀 속의 픽셀로 살고 있다. 그뿐이다.

PART

4

당신의 꿈은
안녕하신가요?

하고 싶은 게 무엇인지 모르는 나에게

01

밥을 먹다 말고
춤을 춰라

"하고 싶은 게 너무 많아서 고민이다. 이것도 하고 싶고, 저것도 하고 싶다" 쉴 새 없이 말하던 나의 말이었다. 갑자기 나온 나의 헛소리에 분위기는 살벌해졌다. 나는 다시 책을 썼고, 친구는 다시 숙제를 했다.

친구는 숙제가 어려운지, 다른 종이를 주섬주섬 꺼냈다. 상담 정보를 쓰는 종이였다. 가족 구성원, 가고 싶은 대학교와 학과, 취미 등 여러 정보를 쓰는 종이 말이다. 친구에게 상담하면 뭐 하냐고 물어봤다. 별거 안 한다고 한다.

가만 보면, 나도 별거 안 했다. 중학교 때, 학교에 가기 싫으면 학교를 안 갔다. 한 번은 학교 가기가 너무 싫어서 엄마 핸드폰으로 선생님께 문자를 보냈다. "선생님, 오늘 준이가 아파서 학교 못 보낼 것 같아요. 잘 챙겨서 내일 보내겠습니다!" 엄마가 화장실에 들어갈 때까지 기다린 뒤, 엄마가 화장실을 가면 나는 말했다. "엄마, 다녀오겠습니다!" 현관 앞에 서서 문을 열었다 닫고, 신발을 들고 방으로 돌아왔다. 신발과 가방은 잘 숨겨 두고, 옷장에 숨어서 잠을 잤다. 학교 갔다 올 시간에 맞춰 나와 힘든 척 연기하는 건 필수였다.

4교시가 끝나는 종이 치면 급식실로 향한다. 식단이 마음에 안 들면 나는 친구랑 후문 담을 넘어 편의점에 갔다. 피시방에 가서 게임을 하기도 했다. 떠들기도 좋아해서, 선생님 몰래 엄청 떠들었다.

노는 걸 좋아했던 나는 고등학교 진학이 코앞에 다가와서야 정신을 차렸다. 일종의 위기의식 탓이었다. 그동안은 시간을 소비하는 게 아니라 낭비했다. 시간을 제대로 소비하는 자가 이기는 입시 문 앞에 서서, 심란해진 거다. 뭔가 문제가 있다는 것을 느꼈지만, 어떻게 해야 할지 몰랐다. 해 온 것도 없었으며, 할 것도 없었다.

내 친구들은 모두 자신만의 목표가 있어 보였다. 나는 그 어떤 것도 없었다. 아빠와 의논한 끝에 일반 고등학교가 아닌 다른 고등학교에 가기로 했다. 내가 다른 학교에 가겠다 했을 때, 친구들은 많이 말렸었다. 가면 큰일 난다며 구구절절 걱정을 쏟아 냈다. 밥을 먹다 말고 춤을 추는 건 말도 안 되는 일이고, 웃긴 일이다. 내가 오디세이 학교에 가기로 한 것은 그 정도로 황당한 일이었다.

하버드 대학교를 나와 지구 최강 스펙을 가지고 있는 누나는 하고 싶은 것을 어떻게 찾았냐는 나의 질문에 이렇게 말했다. **"나는 다 해 봤어. 관심 있는 일이 있으면, 3개월이라는 시간 동안 그 일만 미친 듯이 했어"**

일정한 시간을 정해 두고, 관심 있는 일을 하다 보니 자연스럽게 하고 싶은 게 무엇인지 알게 되더란다. 가만 보면, 나도 그랬다. 하고 싶은 게 뭔지 몰랐을 때, 운이 좋게 오디세이 학교를 가게 되었다. 그곳에서의 다양한 경험은 하고 싶은 것을 찾는 데 많은 도움을 주었다.

수학 공부를 하다 보면, 어려운 공식들이 나온다. 처음에는 이해하기가 쉽지 않지만, 이해하려고 노력하다 보면 자연스럽게 공식이 외워져 내 것이 된다. 나중에는 문제를 다 읽지 않아도, 외운 공식 중 하나를 대입해서 문제를 풀 수 있다. 오디세이에서 나에 대해 공부한 과정은 수학 문제를 푸는 과정과 비슷했다.

중학교 3학년 2학기, 처음으로 진지하게 진로를 고민했던 때, 그때 방향을 틀지 않았다면 나는 그 누구보다도 평범하게 학교생활을 했을 것이다. 나는 아직도 감사함을 느낀다. 아무것도 모르는 나에게 찾아온 고민은 내가 가고 있는 길이 나와 맞지 않다는 걸 말해 준 고

마운 존재였다.

　지도 없이 길을 걷다 보면, 어디로 가고 있는지 몰라 몇 번이고 멈춰 서게 된다. 나에게도 그런 순간이 있었다. 멈춰 서 있는 동안 나는 많은 생각을 했다. 지난날의 후회로 울부짖고, 다가올 날의 정체를 알 수 없어 어린아이가 되기도 했다. 그리고 그 순간을 운 좋게 벗어나 최고의 행운이 무엇인지 알게 되었다.

02

꿈을 찾으라고는 하면서,
꿈을 찾을 시간은 아무도 주지 않아

'말리나'라고 불리는 우리나라는 괜찮은 나라로 소문나 있다. 그 괜찮은 나라에 사는 내 이름은 사하라다. 나는 19살, 평범한 학생이다.

평일에는 학교를 다닌다. 6시에 일어나서 학교로 출발한다. 아침에는 자습을 하고, 1교시부터 밥 먹기 전까지는 예습, 학습, 복습을 반복하며 정신없이 보낸다. 종이 치면 친구들이 모두 밥을 먹으러 간다. 그때, 나는 10분 정도 잠을 잔다. 이때라도 자지 않으면 피곤해서 하루 종일 공부를 못 하기 때문이다. 친구들보다 15분 정도 밥을 늦게 먹으러 가는 탓에 항상 혼자 먹지만, 하루 중 유일하게 머리를 쓰지 않아도 되는 시간이기에 밥 먹는 시간이 참 좋다.

밥을 먹고 나서 남는 시간에는 오후 수업의 내용을 예습한다. 오후 수업이 시작되면, 오전에 했던 것과 똑같이 공부한다. 학교가 끝나면 바로 학원을 간다. 학원에서는 졸린 눈을 잡아가며 열심히 공부한다. 몰래 잠을 잘 때도 있지만, 그것도 잠깐이다. 학원이 끝나면 11시가 조금 넘는다. 드디어 집에 간다. 사실, 집으로 가는 길일뿐이지 집으로 가는 건 아니다. 집 앞 독서실에 가서 플래너를 꾸미다 가방 안에 쌓여 있는 숙제 생각에 정신이 번쩍 들었다.

주말에는 아침부터 저녁까지 학원에 있다. 많이 힘들다. 그렇지만, 어쩔 수 없다. 부모님의 압박이 너무나도 심하다. 가끔 이런 생각을 한다. '나 왜 이렇게 공부를 열심히 하지?' 이런 생각도 잠시, 학원에 도착했다. 남는 시간엔 자야 하고, 여유가 있을 땐 놀기도 해야 한다. 다른 생각을 하는 건 사치일 뿐이다.

나의 일상은 방학이 되면, 더 팍팍해진다. 집에 있는 시간이 늘어나 부모님의 잔소리에 스트레스는 더 쌓여가고, 학교에 있던 시간은 학원과 독서실에 있는 시간으로 대체되기에 방학은 새로운 지옥일 뿐이다.

지옥도 걷다 보면, 끝이 난다고 했다. 걷다 보니, 졸업식이다. 다행히도, 많은 노력 끝에 달콤한 결실을 얻었다. 나에게는 예전부터 터널 끝, 빛 한 줄기가 보였다. 그게 바로 졸업이고, 대학이었다. 드디어 그 빛에 도달했다. 이제는 내가 하고 싶은 대로 살 수 있을 거다. 행복하다.

행복할 줄 알았다. 행복하지 않다. 여전히 힘들다. 밖은 하얀 세상일 줄 알았다. 아니었다. 터널 끝, 빛 한 줄기는 터널이 끝났음이 아닌 새로운 터널이 시작됨을 의미했던 거다. 내 앞에는 까만 세상만이 펼쳐져 있다. 이 끝은 어디일까.

그동안 꿈 없이 달려왔다. 달려가다 보면, 알 수 있을 거라는 생각과 대학이 많은 것을 해결해 줄 거라는 기대에 열심히만 했다. 대학생이 되니, 주변 사람이 꿈이 뭐냐고 자주 묻는다.

꿈과 관련된 기억은 학교에서 몇 번 갔었던 직업체험이 전부다. 취지는 꿈을 찾아보라는 거였으나, 꿈을 찾지는 못했다. 3시간 정도 직업체험을 한다고 해서 나한테 맞는 직업을 찾을 수 있을 리 없었다. 직업을 찾는 게 그렇게 쉬웠다면, 세상 살기가 그나마 편했을지도 모르겠다.

오늘은 그냥 기분도 별로다. 공강이니 종일 집에 붙어 있기로 한다. 암막커튼으로 밝은 햇살을 가리고 이제는 잠을 자려고 한다. 오늘은 무슨 꿈을 꿀까.

요즘 나의 관심사는 꿈이다. 얼마 전에 꿈을 꿨는데, 하고 싶은 것을 모두 할 수 있었다. 검색해 보니 영어로는 루시드 드림, 즉 자각몽이라고 한다. 잠을 자지 않고선 그 꿈을 꿀 수 없다. 꿈을 꾸기 위해서는 잠과 편안한 환경이 필요하다. 그것처럼 꿈을 찾기 위해서는 반드시 시간이 필요하다. 꿈을 찾으라고는 하면서, 꿈 찾을 시간은 아무도 안 준다. 이제는 자야 한다. 제발 좀 자야 한다.

03

시작도 안 하면서
뭘 고민했던 거야

왜 이렇게 잘 팔리는 겁니까. 처음에는 왜 이렇게 잘 팔리나 궁금해서 읽기 시작했는데, 읽다 보니 잘 팔리는 이유를 알 수 있었다. 혜민 스님의 책을 읽으면, 짱구가 생각난다. 짱구에 나오는 코타츠가 생각난다. 담요가 덮인 책상 밑으로 따뜻한 바람이 나오는, 보기만 해도 포근한 코타츠 말이다.

혜민 스님의 책에는 마음을 따뜻하게 만들어 주는 단어들이 많이 담겨 있다.

너무 완벽하게 하려고 하면 시작을 못 해요. 시작을 못 하면 시간이 갈수록 더 불안해져요. 박사 논문을 쓸 때, 제 지도 교수님이 이렇게 말씀하셨어요. "좋은 논문은 끝마친 논문이고, 박사 논문이 인생 최고의 책이 될 가능성은 희박하니 그냥 써라"

　　혜민 스님의 글을 읽으면서 그동안 왜 계속 미루기를 습관처럼 해 왔는지 알 수 있었다.

　　나는 소극적 완벽주의자다. 적극적 완벽주의자가 매사 모든 일에 완벽을 추구하는 사람을 말한다면, 소극적 완벽주의자는 시작하는 것을 어려워하지만 한번 시작한 일은 완벽해질 때까지 놓지 못하는 사람을 말한다.

　　어렸을 때부터 나의 성향이었던 것 같다. 무언가를 시작하기 전, 항상 고민을 했다. '이거 실패하면 어떡하지?', '만약에 성공하면?' 시작을 해야지 실패도 있고, 성공도 있다. 시작도 안 하면서 무엇을 고민했던 걸까.

　　　　　　　　　　　　04 당신의 꿈은 안녕하신가요?　　│

유명 가전제품 회사의 창업자 테아로 겐은 자신의 저서 『가자, 어디에도 없었던 방법으로』에서 다음과 같이 말했다. **"우리는 불가능을 논할 수 없다. 아직 시도해 보지 않은 방법이 어딘가에 숨어 있을지도 모른다. 결과는 실패로 끝날 수도 있지만, 할 수 있다는 가능성은 열어 둬야 한다"**

내 마음을 울린 글은 메모장에 적어 놓는다.

"당신 자신을 과대평가하라. 당신 스스로가 당신을 인정하기 전까지는 그 누구도 당신을 인정하지 않을 것이다. 오만하고, 자만하는 과대평가가 아니라, 성공에 대한 자신의 잠재력을 과대평가하라는 의미이다"

서커스단에서 코끼리가 태어나면, 도망치지 못하도록 발을 말뚝에 묶어 놓는다고 한다. 아기 코끼리는 작고 약하기에 작은 말뚝에도 벗어날 수가 없다. 아기 코끼리는 어른이 되면서 강력한 힘을 갖는다. 하지만 어렸을 때부터 말뚝은 자신이 이길 수 없는 존재라는 걸 몸으로 느끼며 자란 코끼리는 어른이 되어서도 말뚝에서 벗어나지 못한다.

아무도 자기 자신이 아기 코끼리인지, 어른 코끼리인지는 모른다. 하지만 한 가지 확실한 건 모두가 말뚝을 벗어날 힘을 가지고 있다는 것이다. 지금은 없더라도 믿고 그렇게 행동하면 말뚝을 벗어날 수 있다. 완벽하려고 하면 시작하지 못한다. 우리가 시도하지 않은 방법은 항상 존재한다. 그렇기에 불가능을 먼저 논할 수 없다. 내가 나를 인정하지 않으면, 아무도 나를 인정해 주지 않는다.

내 몸은 개판이다. 무지외반증이 있다. 발목과 무릎은 안쪽으로 살짝 틀어졌다. 골반은 균형을 잃었으며, 허리는 굽고 휘었다. 그 덕분에 어깨도 굽었고, 거북목까지 가지고 있다. 내 몸을 보면, 뱀목거북이가 떠오른다. 그래서 요즘에는 자세 교정을 받고 있다. 어린애도 아닌데 걷기를 배우려니 조금 부끄럽다.

걷기 수업 중, 재밌는 이야기를 들었다. "어깨가 굽은 사람들은 어깨를 펴려고 해요. 허리가 굽은 사람은 허리를 펴려고 해요" 어깨를 펴려면, 가슴 근육은 넓히고, 등 근육은 수축시켜야 한다. 허리를 펴려면, 골반을 적당히 세우면 된다. 실제로 해 보면 훨씬 편하고, "이게 맞구나" 싶다. 수업을 들어 보니 걷는 것에도 이론이 있었다. 과학이었다. 그동안 그걸 몰라서 많이 고생했다. 많이.

04

성공의 반대말은,
성장

인스타그램에 심란한 스토리를 자주 올리는 친구가 한 명 있다. 아는 동생의 친구다. 예전에 그 친구가 자퇴로 고민이 많아서 한번 이야기를 나눴었다. 그 친구에 대해 아는 게 거의 없지만, 요즘 많이 힘들고 정신없어 보이는 것만큼은 나와 같아 보인다. 비슷한 고민을 했고, 고민 끝에 이렇게 글을 쓰고 있는 사람으로서 도와주고 싶었다.

저번에 잠깐 이야기 나눈 것을 가지고 연락을 했다

간 오해를 할 수도 있었다. 괜히 나섰다가 친구의 짐을 더 무겁게 만들 수도 있었다. 고민 끝에 조심스럽게 연락했다. 다짜고짜 "괜찮아요? 많이 힘들죠?"라고 물으면 이상할 것 같아 간단하고도 지극히 일상적인 이야기로 대화를 시작했다. 그리고 조심스럽게 물었다. "요즘 어때요?" 그 친구는 많이 힘들다고 했다. 갈림길에 서서 어디로 가야 할지 몰라 방황하고 있는 것 같았다. 사실 그 선택에 대해서는 해 줄 수 있는 말이 없었다. 그 친구는 미술과 관련된 진로를 고민하고 있었고, 나는 미술 분야엔 문외한이었다. 잘 알고 있는 분야였더라도 다르지 않았을 것이다. 그 친구가 온전히 자신의 선택을 하길 바랐기 때문이다.

"자퇴하기가 망설여지는 이유가 뭐예요?"라고 물어봤다. 그러자 그는 이렇게 대답했다. "자퇴를 하면 제가 선택할 수 있는 폭이 좁아질 것 같아요. 그리고 빈 시간들을 잘 활용할 수 있을지 모르겠어요"

물론 '자퇴생'이라는 단어의 고정관념 때문에 많은

기회를 잃을 수도 있다. 그렇게 보면 자퇴를 하면 선택의 폭이 좁아지는 게 맞다. 또한, 타인의 시선을 이겨내지 못해 타인에 묻혀 살게 될 수도 있다. 하지만 학교생활을 지지부진 이어 간다고 해서 선택의 폭이 넓어지는 것도 아니다. 자퇴를 안 하는 건 수많은 방법 중 학력이라는 도구를 이용하겠다는 말이기도 하다. 학력이라는 도구를 이용하려면, 입시라는 줄 세우기 게임에서 앞자리에 앉을 수 있도록 최선을 다해야 한다. 사실, 잘 모르겠다. 그래 본 적이 없어서. 최선을 다해도 가기 어려운 자리가 앞자리고 그 자리에 앉았더라도 선택의 폭이 얼마나 넓을지 확신할 수 없다.

한 선배가 학교에 와서 강의를 해 주셨다. "나도 시간을 많이 낭비해 봤어요. 오랜 시간을 집에서 보냈죠. 지금은 영화감독이에요. 시간을 낭비한 것인지, 아닌지 그 당시에는 알 수 없어요. 시간이 지나면서 알게 되는 거죠." 시간을 잘 활용한다는 것은 뭘까. 하루에 밥 세 번을 제시간에 먹으면 시간을 잘 활용하는 걸까. 규칙적

　　　　　　04 당신의 꿈은 안녕하신가요?　　|

으로 잠을 자면 시간을 잘 활용하는 것일까.

일반적인 기준에서 보면 나는 시간을 정말 못 썼다. 자퇴를 한 날, 밤을 새웠다. 열심히 논 후 밤을 새웠다. 그렇게 일주일을 놀았다. 그리고 일주일은 잠만 잤다. 살이 4kg 빠졌었다. 앉아서 게임하느라 밥 먹을 시간이 없었다. 지금은 비교적 시간을 잘 쓰고 있다고 말할 수 있다. 아침에는 일찍 일어나 명상을 한다. 가벼운 운동을 한 후 책을 읽고, 글을 쓴다. 수업이나 모임이 있는 경우에는 그 시간에 맞춰 내 시간을 조절한다. 그리고 남는 시간에는 최선을 다해서 침대와 많은 시간을 보낸다.

다른 사람의 기준에서는 모르겠다. 내 기준에서 나는 시간을 매우 잘 쓰고 있다. 꽃들이 아침 햇살에 눈을 뜰 때, 같이 눈을 뜨고 모두가 멋진 하루를 시작할 때, 책상에서 나를 위한 시간을 갖는다. 명상으로 마음을 돌보고, 책을 읽으며 어제보다 나은 방향을 만든다. 글을 쓰며 세상 변화에 한 발자국씩 다가간다. 오후에는 혼자 밥을 먹거나 영화를 보기도 하며 나이보다 빠르게 대학을 간 친구를 만나 수다를 떨기도 한다. 가끔은 고 3 친구들을 만나기도 한다. 그리고 남은 시간은 가족들과 함께한다.

자퇴하고 나서, 부모님이 내게 했던 말은 "놀아라"였다. 열심히 놀았던 시간이 다른 사람이 보기에는 낭비였을 수도 있다. 하지만 나는 낭비였다고 생각하지 않는다. 충분히 놀면서, 놀고 싶은 욕구를 충족시켰다. 마음껏 놀다 보니, 막연히 시간의 소중함을 느낄 수 있었다. 성공의 반대말은 실패가 아니라 성장이다.

05

자기소개가 너무 싫어요

초고는 한 문단이라도 더 쓰기 위해 노력해야 한다. 퇴고는 한 글자라도 더 다듬기 위해 노력해야 한다. 초고는 쓸 게 없어서 어렵고, 퇴고는 신경 쓸 게 많아서 어렵다. 머리가 어중간한 게 마음에 안 들어서 짜증이 났다. 퇴고가 잘 안 돼서 신경질이 났다. 그래서 머리를 밀었다.

영화 세트장같이 생긴 미용실이 있었다. '부승 이발관'이라는 간판이 보였다. 아날로그 감성에 반해 사진을 찍다가 머리를 자르고 싶은 충동이 들었다. 그래서 들어 갔다. 이발관에 들어가서 머리를 빡빡 밀어 달라고 했더니, 사장님과 어르신 손님들께서 왜 머리를 미냐고 물어보셨다. 대답이 마땅치 않아서 "저 군대 가요"라고 말했다. 그때부터 인사하고 나올 때까지 어르신들은 군대 가는 나에게 많은 정보와 역사 교과서에 나올 법한 이야기들을 해 주셨다. 그리고 "괜찮아"라며 위로해도 주셨다. 그곳에서 우리는 하나였다.

시작은 학생이었다. 그리고 자퇴생이라는 이름과 홈스쿨링하고 있는 사람 등 여러 이름을 가졌다. 그리고 이제는 작가라는 이름을 가지고 있다. 다른 사람이 물을 때, 뭐라고 이야기해야 할지 항상 고민이다.

만남은 소개로 시작한다. 방식은 제각각이다. 우리는 항상 누군가와 처음 만나면, 나름의 소개를 한다.
사적인 만남에서 형식적으로 하려다 보면, 오히려 분위기가 돌처럼 딱딱해져 소개 대신 자연스러운 대화를 한다. 반면에 공적인 만남에서 따로 자기소개 시간이 주어진 경우, 나에 대해서 잘 설명하는 것이 중요하기에 많은 노력을 하는 편이다.

언제나 떨리는 자기소개 시간, '항상 무슨 말을 해야 할까'라는 생각에 옆 사람의 발표도 제대로 들리지 않는다. 자퇴생이라고 말하니 사람들이 내게 많은 설명을 요구했다. 소개하기가 부끄러웠다. 사람들은 나에게 "왜 자퇴했어요?"라는 부담스러운 질문과 "앞으로의 계획은 뭐예요?"라는 어려운 답을 요구했다. 초면에 그런 질문을 받는 것도, 진지하게 대답을 하는 것도 불편하고 다들 있는 그대로 나를 봐주지 않아서 나중에는 그냥 학교 다닌다고 했다.

작가라는 이름을 가지게 되었을 때, 자퇴생이라는 이름 대신에 작가라고 당당히 말했다. 나에 대한 질문이 없어질 줄 알았다. 하지만 여전했다. "어떤 책을 쓰세요", "주제가 뭐예요?"와 같은 질문이 쏟아졌다. 예전에

는 질문 자체가 싫었다. 답하기 어려운 질문들이었기에
더욱 그랬던 것 같다. 그러다 '내가 궁금한 사람이니까
질문이 오는 것 아닐까'라는 생각이 들었다. 사람들의
의도를 모두 알 수는 없지만, 굳이 나쁘게 해석할 필요
는 없다고 생각한다. 나한테 관심을 갖고 질문을 해 준
다는 것 자체가 감사한 일이니까.

　이런 과정을 통해 이젠 질문을 듣는 것도, 질문에
답하는 것도 익숙해졌다. 질문을 많이 받아서 그런 것
만은 아니라는 생각이 들었다. 질문에 답하는 과정에서
익숙함이 생겼다.

　선장님은 내가 존경하는 분이다. 나의 책을 만들어
주신 분이고, 나에게 인생 선배로서 많은 도움을 주는
분이시다. 힘들 때면 항상 도와주셨고, 내 곁에서 좋은
일이 생기도록 힘써 주셨다. 선장님이 하는 독서 모임에
간다. 그 모임에서는 만날 때마다 자기소개를 한다. 한
번은 선장님께 "자기소개가 너무 싫어요"라며 투정을
부렸다.

"자기소개를 자주 하면 네가 누군지 알게 돼" 그때는 무슨 소리일까 싶었지만 이제는 알겠다. 어떤 말로 나를 소개할지 고민한다. '나'를 말로 풀어내기 위해 곰곰이 생각한다. 자기소개를 준비하면서 나도 모르게 나에게 질문을 던지게 되었고, 그 질문에 답을 하며 내가 누군지 알아갈 수 있었다.

많은 사람이 하고 싶은 게 없어 고민한다. 반대로 나는 하고 싶은 게 너무 많아 고민이다. 일기를 쓰는 것도, 영화를 보는 것도, 책을 쓰는 것도 나와의 대화다. 나에대해 알게 되면, 자연스레 하고 싶은 것들이 떠오른다. 자기소개는 있는 그대로의 나를 만나기 위한 문을 열어주는 열쇠가 아닐까.

06

죽을 때까지
하고 싶은 것만 하면서 살기

혹시 모른다. 하찮게 여겼던 무언가가 내 평생의 사랑을 독차지할지도. 그래서 하고 싶은 게 무엇인지 모르면 하고 싶은 것이 뭔지 찾을 때까지 이것저것 다 해 봐야 한다. 하지만 세상이 너무 넓다. 죽을 때까지 하고 싶은 것만 찾아다닐 것 같다.

잠시만, 그것도 좋을 것 같은데?

경험이 쌓이니 어느 순간 경험해 보지 않고도 하고

싶은 것들을 쉽게 구분할 수 있었다. 호기심이 꼬리에 꼬리를 물었다.

가깝지만 먼 나라, 한국과 중국 그리고 일본. 역사적인 문제부터 정치적인 문제까지 여러 사안으로 얽혀 있는 세 나라다. 독립선언서를 발표하여 한국의 독립 의사를 세계에 알린 날 1919년 3월 1일. 100년이 지난 2019년 3월 1일, 서로 영향을 주고 있는 한국, 중국, 일본의 청춘들이 모였다.

역사 공부를 하고, 생각도 나누며 많은 물음표를 남긴 자리였다. 72시간, 우리는 3일 동안 함께했다. '역사'라는 단어로 모인 우리는 사람 대 사람으로서도 많이 친해졌다. 나라와 나이가 달랐으며 언어도 달랐다.

하지만 그것은 그렇게 중요하지 않았다. 나라가 달랐지만 아시아인으로서 소통했고, 나이가 달랐지만 친구로서 이야기를 나눴고, 언어가 달랐지만 마음으로 친해질 수 있었다. 역사를 이야기하기 위해 주선된 자리였지만, 우리는 역사 외에 한 나라의 청춘이자 청년으로서 가지고 있는 고민에 대한 이야기도 나누었다. 우리는 솔직하게 고민을 털어놓았다. 다들 저마다의 어려움을 하나씩 가지고 있었다. 누군가는 남들과 달라서 고민이었고, 누군가는 스스로가 누군지 몰라 고민이었다. 또 다른 누군가는 하고 싶은 게 없어 고민이었다.

많은 고민을 들으면서 인상 깊었던 게 있다. 하고 싶은 게 있음에도 믿음이 부족해 실행하지 못하고 고민하는 사람이 많았던 점이다. "과연, 내가 할 수 있을까?"

하고 싶은 게 없어서 고민이기도 하지만 하고 싶은 것을 하지 못해 고민이기도 했다. 저마다의 이유가 있었다. 누구는 주변의 시선, 조언 때문에 흔들린다고 했다. 누구는 자신의 길을 가고 있지만 돈이 없어 힘들다고 했다. 또 다른 누구는 남들과 다른 길을 가는 것 그 자체가 너무 두렵다고 말하기도 했다.

나는 하고 싶은 것을 하는 사람이다. 제도권에서 벗어나 다른 제도권을 만들고 있다. 그 길은 꽃길처럼 아름답지는 않다. 가다 보면, 진흙탕을 만나 옷이 더러워지기도 한다. 큰 폭풍에는 잘 견디다가도 작은 돌멩이 넘어져 하염없이 울기도 한다. 해야 하는 것과 하고 싶은 것 중 하고 싶은 것을 선택한 사람으로서 힘든 길을 사랑하며 행복하게 걷고 있다.

"미래를 예측하는 최선의 방법은 스스로 미래를 창조하는 것이다"라고 엘린 케이가 말했다.

야마구치 슈도 말했다. **"지금의 세상은 우연히 만들어진 것이 아니다. 어디선가 누군가가 행한 의사 결정이 쌓여 지금 이 세계의 풍경이 그려진 것이다. 사람들의 선택과 행동에 따라 미래가 결정되기에 우리는 "미래는 어떻게 될까요?"라고 질문할 것이 아니라 "미래를 어떻게 만들고 싶은가?"라고 자문하는 삶을 살아가야 한다"**

미래를 기다리지 말고, 미래를 만드는 게 더 좋다는 말이 아닐까. 다른 사람에게 답을 구하는 게 아닌, 내 안에서 답을 구하라는 게 아닐까.

아직 이 말이 무슨 뜻인지 잘 모르지만, 가만히 있을 수는 없었다. 뜨거운 아스팔트 위에 발을 딛고서 어떻게 가만히 있을 수 있나? 뒤로 돌아가든, 앞으로 가든 해야지. 그동안 나는 내 미래가 어떻게 될지 묻지 않았다. 그 대신 계속 선택했고, 시작했다. 어쩔 수 없어 나를 믿었다. 매일 나의 미래는 달라지고, 내 꿈은 변한다. 불안은 연기처럼 사라지고, 확신만 남았다.

07

대한민국 교육 현실에
반격!

"인생은 초콜릿 상자와 같다" 영화 <포레스트 검프
>에 나오는 대사다. 상자에서 초콜릿 하나를 꺼냈을 때,
어떤 초콜릿이 나올지는 모른다.

하나를 꺼냈다. 내가 고른 초콜릿은 조금 다른 색깔
에 다른 모양을 하고 있었다. 이상하게 생겼지만 귀여워
보여서 한입 크게 물었다. 그때부터 나의 자퇴 여행이
시작되었다.

철학을 좋아하고, 배우고 싶어 하는 평범한 사람이

다. 철학을 공부하고 싶었지만 하지 못한 이유는 어려웠기 때문이고, 그만큼의 간절함이 없었기 때문이다. 유명한 말이 있다. **"나는 생각한다. 고로 존재한다"** 유명하지만 사실 그렇게 특별한 말은 아니다. 나는 매일 생각한다. 하지만 생각하지 않아도 살 수 있다. 너무나도 당연한 말이다. 그러나 그럴 때일수록, 데카르트가 이런 생각을 하게 된 과정을 살펴봐야 한다. 어떤 과정을 통해 저런 생각을 하게 되었는지 말이다.

교과서 앞 장에서는 학교에서 배우는 수학은 사고력과 문제 해결 능력을 가르친다고 쓰여 있다. 수학 교과서 덕분에 알게 모르게 나의 사고력과 문제 해결 능력은 높아졌다. 수학에는 수많은 공식이 있다. 나는 그걸 열심히 외웠고, 문제집을 풀며 좋은 점수를 위해 매일같이 노력했다. 사고력과 문제 해결 능력을 키우는 데 공식이 만들어진 배경과 과정은 중요하지 않은 걸까? 4차 산업혁명 시대라며 대체 불가능한 직종을 찾으라 말한다. 참 모순적이다.

고등학생이 되기 전에는 한국 교육이 이상하다는 생각을 단 한 번도 해 본 적이 없었다. 힘듦과 경쟁은 당연한 줄 알았다. 오디세이 학교를 다니면서 많은 것이 변했다. 토론 중심 수업을 하며 생각을 글로 정리하고, 말하는 연습을 했고 이런 연습이 내면을 단단하게 다져 주었다. 다른 친구들의 생각을 들을 수 있는 그룹 미팅 수업을 하며 일상과 일상에서의 생각을 정리했고, 여러 인문학 수업도 들었다. 1학기 때는 나를 알아가는 시간을 가졌고, 2학기 때는 세상에 대해 공부하는 시간을 가졌다. 앞으로 어떤 사람으로 어떻게 살아가야 할지 고민했다.

1년이라는 시간 동안 짧게 맛본 오디세이의 교육은 꿈과 같았다. 꿈은 언젠가 깬다. 복귀한 된 일반 고등학교에서는 불편한 게 많았다. 그리고 괴로웠다. 그때의 모든 과정은 어려웠고, 또 어려웠다. 『철학은 어떻게 삶의 무기가 되는가』의 저자 야마구치 슈는 세상에는 두 가지 삶의 방식이 존재한다고 말했다. 한 가지는 현행 제도를 부여된 대로 받아들이고, 그 속에서 어떻게 잘해 나갈까에 사고와 행동을 집중하는 방법이다. 나머지 하나는 현행 제도를 있는 그대로 받아들이지 않고 제도 자체를 더 나은 것으로 바꾸어 가는 데 사고와 행동을 집중하는 방법이다. 그러면서 한 마디 덧붙였다. "안타깝게도 많은 사람은 첫 번째 방식을 선택한다" 나는 야마구치 슈가 말하는 삶의 방식 중 두 번째 삶의 방식으로 살아가고 있다. 바꾸고 싶어서 학교를 나왔다.

학교는 많은 친구를 만나고, 좋은 어른을 만나 더 높은 곳을 볼 수 있는 곳이다. 학교는 다양한 사람들을 만날 수 있는 곳이다. 또한, 한 공간에서 여러 가지 수업을 들으며 빠르고 다양하게 지식을 습득할 수 있는 것도 큰 장점 중 하나다. 하지만 지금의 교육은 많은 장점을 가지고만 있다고 생각한다. 그곳에 멈춰 방향을 잃은 것 같다. 더 좋은 교육을 위해서는 더 많이 변해야 하지 않을까?

공기가 안 통하면 벽에 곰팡이가 핀다. 이제는 선생

님의 일방적인 가르침보다는 학생과 선생님의 쌍방적인 소통에 의한 배움이 이루어져야 한다고 생각한다. 가르침을 받는 것뿐만 아니라 배운 것을 바탕으로 혼자서 또는 친구들과 무언가를 만들어 가는 경험이 필요하다고 생각한다. 점수를 위한 조별과제, 수행평가가 아닌 다른 무언가 말이다.

반격, 굴복, 회피. 사람에게는 세 가지 대처 방식이 있다. 처음 학교 문제를 만났을 때, 나의 첫 번째 대처는 굴복이었다. 몰랐던 세상을 만나며 내가 너무나도 뒤처져 있음을 느꼈고 아무것도 할 수 없었다. 약한 마음에 회피하기도 했었다. "이게 아닐 거야. 내가 몰라서 그런 것일지도 몰라" 마지막으로 반격했다. 그저 그런 곳에서 그저 그런 사람으로 있고 싶지 않아 나는 움직였다. 억지일 수도 있겠지만, 교육이 아이들의 사고를 막고 하고 싶은 게 무엇인지도 모르게 만든 장본인이 아닐까? 어쨌든, 한국 교육 변화의 모든 과정을 응원하며 함께하고 싶다.

08

가장 중요한 것을
못 보게 만드는 함정

엄마는 "나갔다 올 테니까 방 정리하고 있어"라고 말씀하셨다. 방 정리는 재밌지만, 방 정리는 하기 싫다. 엄마가 돌아올 시간이 다가온다. 지금 방 정리를 시작해도 늦다. 그런데 핸드폰이 너무 재밌다. 누워 있는 게 너무 편하다. 그때, 엄마한테 전화가 온다. 10분 뒤면 도착하신단다. 마음이 급해진다.

졸려 죽겠다. 그래서 나는 뛰었다. 아니, 뛰어야만 했다. 지금 시각은 오후 5시. 조금 있으면 사람이 많아질

퇴근 시간이다. 여유를 부리다가는 지하철에서 1시간 동안 서서 가야 한다. 마음이 급하다.

달리고 달려 겨우 자리에 앉았다. 감성에 젖어 보려고 이어폰을 꽂았다. 막힌 귀 사이로 날카롭고, 웅장한 소리가 들려온다. 아저씨의 목소리다. 마음 한구석이 저려 온다. 감히 헤아릴 수는 없을 정도로 깊은 세월을 살아온 것 같은 연륜에 나는 슬퍼진다. 그리고 짜증이 몰려온다. '굳이 이렇게 해야 할까?'

날씨가 많이 풀렸어도 아직은 추운데 소매를 걷고 팔과 얼굴에 오이를 붙이신 아저씨. "이 슬라이서 최고야"라고 말씀하신다. 가장 슬픈 건, 아무리 열심히 말씀하셔도 그 누구도 사지 않는다는 거다. 지하철에서 파는 것을 사서 쓰는 것에 괜한 거부감을 가지고 있다. 한번 써 보라는 제안에 나는 고개를 숙이며 "죄송합니다"라고 말한다.

내가 만약 저 아저씨라면? 슬라이서는 무나 오이 같은 걸 얇게 써는 기구다. 나라면, 많이 팔 수 있을 것 같다. 아저씨는 많은 사람 앞에서 당당하고, 크게 말할 자신감을 가지고 있었다. 하지만 사람들이 듣고 싶은 말이 무엇인지는 알지 못했다. 기본적으로 지하철에 있는 사람들은 지치고, 바쁜 사람들이다. 특히 이 시간과 같은 퇴근 시간에는 피곤한 몸 하나 챙기기에도 바빠 다른 것에 관심을 가지는 것이 매우 어렵다.

"안녕하세요. 맨날 뵙네요. 반갑습니다. 오늘 힘든 일은 없으셨나요? 저는 오늘 힘든 일이 많았습니다. 일찍 일어나 여러분께 어떤 물건을 보여드릴지 고민했습니다. 그리고 오이 슬라이서를 골랐죠. 이걸 고른 이유는 단 하나예요. 여러분을 위해서입니다. 이 친구는 힘들고, 지친 여러분의 퇴근길을 기쁘게 만들어 줄 것입니다. 제 목소리보다는 노랫소리가 더 좋겠지만, 듣고 계신 분이 있다면, 한번 상상해 보세요. 집에 돌아가 배부르게 저녁을 먹고 깨끗이 씻은 다음, 시원한 오이팩을 얼굴에

04 당신의 꿈은 안녕하신가요?

붙이고 누워 여유를 즐기는 거예요"

한 선생님이 민방위 훈련을 다녀온 이야기를 들려주
셨다. 민방위를 훈련을 가면 2시간 정도 강의를 듣는다
고 하셨다. 보통은 재미가 없어서 사람들이 다 자는데
저번에 갔을 땐, 조는 사람 한 명도 없이 강의가 끝났다
고 한다. 호기심 가득한 눈빛을 보내니 선생님은 이렇게
말했다. "보통은 자기소개를 하고, 2시간 내내 교육을
하는데, 이분은 들어오자마자 영상을 트시는 거야. 1분
1초가 급한 응급상황인데 심폐소생술을 할 줄 아는 사
람이 없어서 안타깝게 사람이 죽은 내용이었어. 영상이
끝나고 나서 그분이 한마디 하셨지"

"이 사람이 당신의 아들, 딸, 부모님일 수도 있습니
다" 그 후 모든 분이 심폐소생술 교육에 최선을 다했다
고 한다. 모든 것에는 이유가 있듯이 누군가에게 어떤
말을 하기 전에는, 상대방이 내 이야기를 들을 만한 이
유를 만들어 줘야 한다. 그냥 슬라이서가 아닌 '퇴근길

을 따뜻하게 만들어 주는 슬라이서'처럼, 단순한 심폐소생술 교육이 아닌 '내 딸, 아들 그리고 부모님을 살리는 심폐소생술'처럼 말이다.

진부함에는 아주 진지해서 가장 중요한 것을 못 보게 만드는 함정이 있다. 그래서 우리는 "너무 당연한 소리잖아", "재미없어"라며 진부한 것들을 싫어한다.

나는 한때 비슷한 이유로 어른들과의 대화를 피하기도 했다. 내 입장에서는 잔소리를 가장한 조언이 싫었던 것이었고, 어른 입장에서는 우리의 태도가 싫었던 것이었다. 의도가 아무리 좋더라도, 상대가 별로라면 별로인 말이 될 수밖에 없다. 잔소리처럼 들리는 조언이 나에게 가장 필요한 말일 수도 있음을 간과하지 말자. 진부한 것들을 진부하게 말하지 않는 것도 중요하며, 진부한 것 안에 숨어 있는 보석을 놓치지 않는 것도 중요하다.

그때 미처
하지 못한 말

산 날보다 살아갈 날이 많은 나에게

01

이보다
따뜻한 사랑은 없다

　면접 날이었다. 난 마지막 순서였다. 시계는 내 차례
가 다 왔다고 말했다. 너무 많이 떨었다. 빠르게 뛰는 심
장 소리는 난타 소리처럼 들렸다. 그 소리에 나를 맡기
며 정신을 잃어 갈 때쯤, 내 이름이 불렸다. 나는 활짝
웃는 꽃이 되었다. 면접장에 들어가니 세 분의 면접관님
이 계셨다. 매우 지쳐 보이셨다. 간단한 질문부터 시작
해서, 나에 대한 소개까지 모두 끝났다. 면접이 끝날 무
렵, 면접관님께서 마지막으로 하고 싶은 말이 있냐고 물
어보셨다. **나는 "오늘 면접 보시느라 수고하셨습니다. 감**

사합니다"라고 말했다. 면접에 합격할 수 있었던 것은 나의 마지막 한 마디 덕분이었다. 모두가 자신을 어필하기 바쁠 때, 면접관님들을 위했던 내 말이 마음에 쏙 들었다고 하셨다. 따뜻한 말 안에 담겨 있는 인품이 좋았다고.

습관이다. 길을 가면서 염탐을 자주 한다. 사람들의 손을 본다. 손목에 있는 시계는 그렇게 크지 않지만 사람 이미지의 큰 부분을 차지한다고 생각한다. 나에게는 가죽 시계가 하나 있다. 이 시계를 처음 찼을 때, 빳빳한 게 재미없는 교과서 같았다. 두 달 정도 차니까 꽤 부드러워져 내 얇은 손목에 맞춰 주름도 졌다. 시계와 함께하는 시간이 많아질수록, 나 자신이 가죽에 스며드는 것 같았다. 이런 매력 때문에 가죽 시계를 차는 게 아닐까. **오늘도 시간은 흘러가고, 가죽은 나를 닮는다. 나에게도 나름의 주름이 있다. 아직까지는 가족과 함께한 시간이 가장 많아 가족과 관련한 주름이 대부분이다.**

엄마는 매일같이 나와 싸우면서도, 사이좋게 지낸다. 매일 나에게 맛있는 밥과 잔소리를 주신다. 덕분에 건강한 사람이 되었고, 방도 깨끗하다. 엄마와 나는 심적으로 통하는 게 많다. 엄마는 누구보다도 내 마음의 고통을 잘 이해해 준다.

아빠는 내 친구다. 같이 잘 때면, 이야기하느라 밤을 새우는 건 기본이다. 한 번도 공부하라고 말씀하신 적이 없고, 성적표를 보고 뭐라 하신 적이 없다. 그래서 한 번은 여쭤봤다. "왜 아빠는 성적 나쁘다고 뭐라 하지도 않고, 공부하라는 말도 안 해요?" 그랬더니 할아버지도 아빠한테 그랬다고 한다. 인생에 있어 가장 많은 영향을 준 사람은 아빠다. 지금 가고 있는 이 길도 아빠가 아니었으면 갈 수 없었을 것이다. 오늘도 아빠에게 인생에 대해 배워 간다.

어렸을 때, 큰누나가 참 많이 괴롭혀서 울기도 많이 울었다. 그래도 누나만큼 따뜻하고, 강한 사람도 없었다.

큰누나에게는 고마운 게 참 많다. 내색하지 않아도 속마음이 참 따뜻한 사람이다. 지금은 내가 가는 길을 말없이 응원해 준다. 나중에 술 한 잔 하고픈 누나다. 큰매형은 초등학생 때, 처음 만났다. 그땐, 내가 매형보다 훨씬 작았는데 이제는 내가 훨씬 더 크다. 동네 형같이 편안한 매형이다.

작은누나는 성격이 참 좋다. 나랑 대화가 잘 통하고, 서로의 고민을 풀어놓고, 같이 생각을 나누는 아주 따뜻한 누나다. 누나에게는 뭐든 속 시원하게 털어놓는다. 참 예쁜 누나다. 집이 가까워서 거의 매일 본다. 결혼한 지 3년이 다 되었지만 가끔은 함께 사는 것 같다. 당연히 작은 매형도 자주 본다. 다른 집은 어떤지 모르겠다. 작은 매형은 우리 가족한테 정말 잘한다. 매형을 보면, 닮고 싶다는 생각을 자주 한다. 매형한테 캠핑카 사 주겠다는 약속을 했는데 조만간 지킬 수 있을 것 같아 기대된다. 우리 '이삐' 내 첫 조카이자 작은누나의 딸이다. 너무 예쁘고, 귀여워서 죽을 것 같다. 말이 안 나온다.

우리 가족의 시작은 네 명이다. 보통은 엄마와 아빠 이렇게 두 명에서 시작한다. 하지만 우리는 달랐다. 엄마가 재혼을 했기 때문에 우리는 네 명에서부터 시작했다. 초등학교 때는 엄마와 아빠의 성이 다르듯이 누나와 성이 다른 게 당연한 줄 알았는데, 나는 퍽 어렸다.

다른 게 많아서 더 재밌다. 내와 가장 많은 시간을 함께하는 가족. 가족들이 없었다면 어땠을까. 가족과 지내면서 많은 것을 배운다. 나중에 멋진 가정을 꾸리고 싶다. 가족만큼 따뜻한 건 없으니까. 가족에게 받은 사랑에 항상 감사하며, 다른 사람들을 이해하고 사랑하는 마음을 깊이 새겨야겠다.

02

아니, 그나저나
뭐 먹고살아?

하고 싶은 게 많은 나이라고들 한다. 하고 싶은 게 뭘까. 아니, 그나저나 뭐 먹고살아? 이제 더 이상 내 안에서 빼낼 게 없다고 느껴지는 때, 머리가 꽉 막힌 듯한 기분이 든다.

아마 새벽이었을 거다. 책 쓰기엔 잠이 쏟아지고, 자기엔 시간이 아까운 타이밍이었다. 한 글자라도 더 쓰려고 하니 머리는 든 게 없는데 뭘 쓰냐고 화를 낸다. 그래서 인스타그램을 켰다. 어두운 내 방 창문 밖에 보이는 하늘을 찍었다. 왼쪽, 오른쪽으로 넘기며 사진 위에 필터를 입혔다. 흑백 사진으로 만들었다. 그리고 질문을 적었다. "요즘 무슨 고민을 하고 있나요?" 책 쓰는 데 많은 도움이 될 것 같다고, 고민을 적어 달라는 부탁이었다. 나의 스토리를 업로드했다. 사실은 이것보다 조금 더 귀엽게 물어봤다.

친구들이 내 스토리를 보고 클릭 몇 번과 함께 고민을 쓰면, 메시지가 왔다. 친구들의 고민은 이랬다. **"친절한 사람이 되고 싶은데 만만한 사람이 돼요. 좋은 사람이 뭘까요?"**와 같은 인간관계 고민, **"왜 살죠"**와 같은 자신에 대한 고민, **"앞으로 어떻게 인생을 살아야 될까요"**와 같은 미래에 대한 고민, **"행복했던 순간에 대한 글을 쓰는 시간이었는데 쓸 게 없어"**처럼 감정에 대한 고민이 대부분이었다.

생각보다 정말 많은 친구가 자신의 고민을 이야기해 줬다. 누군가에게 자신의 이야기를 해 준다는 것이 절대 쉬운 게 아닌데 역시 멋진 친구들이다. 정말 고맙다. 친구들이 고민하는 건, 나 또한 한 번쯤 고민해 봤거나 지금 고민하고 있는 것들과 많이 겹쳤다. 사전에 들어가 '고민'이라는 단어를 검색하면, "마음속으로 괴로워하며 속을 태움"이라고 나온다.

고민 끝에 좋은 해답이 나오기도 한다. 물론, 가끔. 정말 가끔. 사전에서도 고민을 괴로워하며 속을 태우는 것이라고 말했다. 고민을 할 때면, 우리의 마음은 심란한 춤을 춘다.

신났다가, 우울했다가 짜증 났다가……. 고민을 하면 마음이 심란해짐과 동시에 고민의 본질을 놓치기 쉽다. 분명 고민의 시작은 "미래에 뭐 먹고살지"였는데, 나중에는 아무것도 할 줄 아는 게 없다고 나 자신을 탓하고 있으니까.

지금 바로 이 책을 덮고, 손에 들어 보자. 그리고 두 눈 바로 앞에 책을 가져다 대 보자. 아마 아무것도 안 보일 것이다. 그럼 이제는 내가 볼 수 있는 곳 중 가장 먼 곳에 책을 두자. 제자리에 돌아와서 보면 형태만 보이지 자세한 건 보이지 않는다. 너무 가까이 있어도 안 보이고, 너무 멀리 있어도 안 보이는 것처럼 우리는 문제와 적당한 거리를 유지할 필요가 있다.

괴로워하면서 고민을 눈앞에 대고 있으면, 그 고민은 보이지 않아 해결할 수가 없다. 그렇다고 해서, 멀리서 지켜보고만 있으면 그건 고민이 아니다. 고민을 할 때는 적당한 거리가 필요하고, 우리는 고민이 아닌 생각을 해야 한다.

인간관계에 대한 고민, 미래에 대한 고민, 감정에 대한 고민은 아마 평생 지속될 것이다. 사전에 '생각'이라는 단어를 검색하면, "헤아리고 판단하고 인식하는 것"이라고 적혀 있다. 마음속으로 괴로워하며 속을 태우는 게 아니라 헤아리고 판단해야 하지 않을까.

"나는 인간관계를 잘하기 위해 끊임없이 상대방의 입장에서 생각하는 연습을 했어. 보험영업을 30년 넘게 하면서 고객에게 한 번도 보험에 가입하라고 권유한 적이 없어. 그럼에도 항상 최고의 실적을 유지하는 비결은 먼저 고객이라는 단어를 사용하지 않는 거야. 모든 분을 가족이라고 생각하고 또 그렇게 행동해" 우리 경자 숙모 이야기다. 한 명의 상품이 아닌, 한 명의 사람으로 대했다. 항상 나를 많이 챙겨 주시는 숙모를 보며 느낀다. 사람을 대하는 것에도 연습이 필요하다는 것을.

인간관계가 좋다고 불리는 사람은 자신이 다른 사람과 원만한 관계를 유지하는 사람이 아니다. 자기 자신을 놓치지 않는 선에서 끊임없이 상대방의 입장에 서 보려고 시도하는 사람이 인간관계가 좋은 사람이라고 생각한다. 인간관계는 게임처럼 한 번 끝냈다고 해서 끝나는 게 아니다. 다른 것들도 마찬가지다. 지금 해결됐더라도, 문제는 반드시 또 생긴다. 어차피 평생 해야 할 거 고민보다 생각을 하며 조금은 여유로운 마음을 가져 보는 건 어떨까.

03

모른다는 것을
모른다는 것

"사람을 쉽게 믿습니다. 거짓 없는 사람이 되고 싶습니다. 그래서 사람을 만날 때 솔직한 이야기를 많이 하며, 믿음을 주려고 노력합니다. 대우받고 싶은 만큼 대우하면 됩니다. 대부분의 경우, 믿음은 좋게 돌아왔습니다. 믿음이 배신이 되어 돌아온 건 정말 이번이 처음이었습니다"

새벽만 되면 감성적인 사람이 된다. 피시방도 갔었고, 노래방도 갔었다. 날이 많이 추웠었다. 벤치에 앉아

이런저런 대화를 했다. 처음에는 친구의 여자 친구 이야기, 어제 밥 먹다 있었던 재밌는 일과 같이 가벼운 이야기를 나눴다.

대화가 깊어지다 보니, 친구가 조심스럽게 한 이야기를 풀어놓았다. "내가 얼마 전에 친구들을 만났거든. 걔네 중에 한 명이 너 이야기를 하더라. 너 공황장애 있다는 이야기, 자퇴생이 책을 쓴다는 이야기 같은 거. 물론, 너를 욕하는 분위기는 아니었어. 근데 나는 그런 생각이 들더라. '그래도 친구의 아픔인데 이렇게 막 이야기해도 되나. 그래도 이건 아닌 것 같은데. 제준이가 옆에 있는 것도 아닌데' 하고. 그래서 대화 주제를 바꿨어. 그리고 뭐 그냥 그럭저럭 넘어갔는데. 너한테 이야기는 해 줘야 할 것 같아서"

나에 대해 말한 친구가 누군지 확실히는 모르지만 대충 예상은 간다. 그 친구는 나의 소중한 친구였고, 나의 힘듦에 대해 잘 몰라도 무언가를 함께하려는 친구였다. 그런 친구가 나의 아픔에 대해 입을 열고 다닌다는 이야기를 들으니 참 기분이 별로였다. 처음에는 '뭐지' 싶었다. 그러고 나서는 배신감이 몰려왔다. 책을 쓰고 있을 때 들은 이야기라 지금까지 써 둔 원고를 지워 버리고 싶었다. '무엇을 위해 이것을 하고 있나'라는 생각이 들었다.

좋게 보면 친구들의 대화에 쓰일 만큼 좋은 주제를 가진 사람이 되었다는 것이고 나쁘게 보면 이런 일이 더 심해질지도 모른다는 것이다.

책이 나오고, 사람들에게 나는 너욱 알려질 것이다. 나를 좋아하고, 응원해 주는 사람이 많아지는 만큼, 나를 안 좋게 보며 싫어하는 사람도 많아질 것이다. 지금보다도 더 많은 사람에게 거론되기 쉬운 주제로 쓰여 많은 상처를 받을지도 모른다.

감사하게도 나는 좀 세다. 2018년 나의 목표 중 하나는 "단단한 사람이 되자"였다. 반년이 지나 공황장애가 생겼고, 공황장애와 함께하게 되면서 단단한 사람이 되었다. 옛날 같았으면, 이런저런 생각에 밤잠 다 설치며 혼란의 시간을 보냈을 것이다. 새로운 아픔을 만나고 이런 생각이 들었다. "내가 이 생각을 계속해서 좋을 게 뭘까?" 없었다. 감정에 휩쓸려 나를 약하게 만드는 것밖에 없었다.

그 친구의 말에 깊은 상처를 받았지만, 더 단단해질 수 있었다. 앞으로 나를 향한 이야기를 넘어 비난을 어떻게 받아들일지 생각해 볼 수 있었다. 그리고 사람을 더 믿어야겠다는 다짐도 했다. 너무 쉽게 믿었기에 배신도 당했지만, 나를 믿고 곁에 있는 사람이 더 많다. 나는 사람을 계속 믿을 것이다. 강한 의지로 버티면서 절대 죽지 않을 것이다. 여기서 죽으면 딱 여기까지인 사람인 거니까. 아직 갈 길이 조금 남았다.

이 일을 계기로, 나도 모르게 누군가에게 칼을 휘두르며 상처를 주고 있는 건 아닌지 돌아볼 수 있었다. **내**

가 생각 없이 한 말은 누군가의 뼈를 쑤시는 말이었을 거다. 내가 생각 없이 한 행동은 누군가의 심장을 쑤시는 말이었을 것이다.

그 친구도 날 좋아한다. 나에게 상처를 주고자 한 것은 아니었을 것이다. 그냥 몰랐던 거다. 가벼운 혀가 누군가에게 날카로운 칼이 될 수도 있음을. 그 친구의 말은 나의 꿈에 제동을 걸 수도 있었고, 나를 죽일 수도 있었다. 그런 일이 실제로 일어났더라도 어떤 자책감도 느끼지 않았을 것이다. 모르기 때문에 어떤 짓이든 할 수 있다. 그래서 모른다는 것을 알지 못하는 것이 위험한 것이다.

04

네가 연예인이야?

정신의학자 융이 말했다. **"공황장애와 같은 신경증은 병이라기보다는 자신을 돌아볼 기회입니다. 보다 성숙한 사람이 될 기회를 얻은 것입니다. 네, 맞습니다. 당신은 선택받은 사람입니다"**

힙합에 관심이 많지는 않다. 가끔 순위에 오른 몇 곡만 골라 듣는 편이다. 〈라디오스타〉에 래퍼 우원재가 나온 적이 있다. 방송 중 공황장애에 대한 이야기가 나왔다. 그리고 우원재는 이렇게 말했다. "저 역시 공황장애,

불안장애, 우울증 관련 치료약을 복용하고 있습니다. 우리나라는 정신과에 대한 인식이 너무 안 좋지만, 전 감기 정도라고 생각해요. 누구나 걸릴 수 있는 감기요. 뭔가 인식이 잘못돼서 치료약 복용 자체를 심각하게 받아들이는 것 같은데, 저는 그 약을 아침저녁으로 세 개씩 먹습니다. 당당해지고 아무렇지도 않게 대해야 인식이 바뀐다는 것을 깨달았습니다"

공황장애에 걸렸을 때, 주변 사람들에게 말하기가 어려웠다. 한 번은 선생님께 말했다. "쌤, 저 공황장애래요" 그러자 선생님이 이렇게 말했다. "네가 연예인이야?" 내 책들을 보면, 공황장애에 대한 이야기가 자주 나온다. 그 소재를 다룰 땐 다른 글보다 적나라하게, 있는 그대로 쓰려고 노력한다. 나는 우원재라는 사람을 잘 모른다. 하지만 저 말에 대해서만큼은 격하게 동의한다.

우리나라에서는 정신병에, 정신과에 대한 잘못된 고정관념이 많다. **"정신과 기록은 빨간 줄이다"**, "그런 건

숨겨야 돼. 영원히 너를 따라다닐 거야"와 같은 말을 자주 듣는다. 사람들은 한편으로 나의 아픔에 공감하면서도, 한편으로는 무슨 전과가 있는 사람처럼 취급하기도 한다.

나 역시도 처음에는 편견이 있었다. 그래서 그룹치료를 꺼리기도 했다. 하지만 내가 만난 사람들은 전혀 특별한 사람들이 아니었다. 길 가다가 볼 수 있는 누나, 동네에서 한 번쯤 스쳤을 법한 아주머니, 퇴근길 지하철 옆자리에 앉아 계실 것 같은 아저씨, 심지어 내 또래까지. 우리의 일상에서 어렵지 않게 만날 수 있는 사람들이었다. 나의 편견은 편견일 뿐이었다.

호주에는 '정신건강 응급처치 센터'가 있다. 한 주지사의 우울증 고백이 호주 사회의 큰 반향을 일으켰고, 신체적 응급처치만큼 정신적 응급처치도 필요하다는 의견에 센터가 만들어졌다. 우리는 얼마나 많이 아팠던 걸까. 얼마나 더 아파야 할까. 내가 판단하기는 어려운

부분이지만, 우리 사회는 많이 아파하고 있다.

당당하게, 아무렇지도 않게 이야기해야겠다고 생각했다. 그래서 주변에 있는 사람들에게 말했다. 새롭게 만난 사람과 나누던 대화가 무르익어 깊은 말들이 오갈 때면 아픔의 경험을 털어놓았다.

위로받고자 이야기한 것이 아니었다. '그런 것도 있어. 꽤나 힘들지만 마음의 감기 같은 거야'라며 누구나 걸릴 수 있다는 걸 전하고 싶었다. 그 과정은 말로 설명할 수 없을 만큼 참혹하지만 잘못된 게 아니라는 것도. 예상외로, 내가 먼저 진심을 말하자, 적지 않은 경우로, "나도 그랬던 적이 있어", "그럼 나도 공황이야?", "나도 사실 공황이었어"라는 이야기를 들었다.

그 사람들이 공황장애 환자인지, 우울증 환자인지는 잘 모른다. 나는 그냥 치료받으면서 세 달 정도 짧고 깊게 배운 게 전부다. 하지만 많은 사람이 마음을 챙기는 일에 무심하다는 것은 안다. 감기에 걸리면 병원에 가서 진료를 받고, 약을 먹으며 집에서 충분히 휴식을 취한다. 휴식을 위해 학교나 직장을 쉬기도 한다. 마음의 병도 그래야 한다고 생각하고, 그런 문화가 만들어져야 한다고 생각한다. 마음이 안 좋으면, 마음을 회복하기 위해 시간을 쓰는 문화 말이다. 나처럼 어릴 적부터 호흡기가 안 좋은 사람은 물을 자주 먹고, 지속적인 관리를 받는다. 마음이 약한 사람도 똑같다. 마음을 평온하게 유지할 수 있도록 늘 관리해야 한다.

몸은 마음을 담는 그릇이다. 마음은 그릇 안의 물이다. 몸이 아플 땐, 그릇에 금이 가서 물이 새고 있기 때문이다. 물도 오래 놔두면 썩는다. 왠지 쓰기 꺼림칙해 우리는 그 물만 버리는 게 아니라 썩은 물이 담겨 있던 통도 같이 버린다. 이와 같이 몸이 아프면, 마음도 아프고, 담긴 물이 물답지 않으면 아무리 좋은 그릇이라도 가치를 발휘하기 어렵다. 내가 하고 싶은 말은 '마음이 아픈 사람을 잘 챙겨 주세요'가 아니다. 마음이 아프다고 해서 무작정 병원에 가서 약을 먹으라는 것도 아니다. 누구나 그럴 수 있음을 알려 주고 싶었다. 몸에 신경 쓰는 일만큼 마음에 신경 쓰는 일에도 소홀하지 말자. 몸 건강보다는 마음의 건강이 더 본질적이고 중요한 것 같다.

05

나는 '예술가'입니다

좋은 분들과 함께할 수 있어 감사하고 행복했다. 막연히 책이 좋아서 책을 썼다. 글자는 나를 담고, 책은 글자를 담는다. 지금 이 책을 기획하고 있었을 때다. 새로운 나를 만드는 과정에서 어떤 모습을 가진 어떤 사람으로서 어떻게 만날까 고민이 참 많았다. '표지 디자인은 어떻게 할까', '어떤 형식의 글을 쓸까' 이런저런 행복한 고민을 할 때였다.

여운이 남는 영화는 상영관을 나가는 길에서 시작된

다고 한다. "미쳤다" 할 정도로 재밌는 영화는 아니었지만 '동화 같은 세상이 실제로 있지 않을까?'라는 생각이 들었던 영화가 있다. 바로 〈호두까기 인형과 4개의 왕국〉이다. 영화가 끝나고 밖으로 나오면서 이런 생각이 들었다. 사람들은 영화를 왜 좋아할까. 1년에도 몇 편씩 천만 관객을 모으는 명작이 나온다. '왜 책은 그러지 못할까?'

사람들이 대중문화 중에서도 영화를 선호하는 이유부터 살폈다. 나한테 물었다. "너 영화 왜 좋아하냐" 재밌으니까, 당연하다. 영화는 시각적으로 자세히 묘사되고, 배경음악과 배우들의 연기력이 조화를 이뤄 영화에 몰입하게 만든다. 또한 영화는 많은 것을 느끼게 한다. 누군가는 배우가 유명하지 않은 영화를 통해 새로운 인생을 만난다. 반대로 누군가는 모두가 재밌게 보는 영화를 보며 눈물을 흘린다. 영화는 우리에게 가르치지 않는다. 그냥 있는 그대로의 스토리를 담아 그것을 보여 준다. 우리는 느끼고, 생각할 뿐이다.

뭐든 어렵겠지만, 영화에서의 50만보다 책에서의 50만이 더 어려울 것 같다. 여유 없는 각박한 하루하루 때문일까. 책을 읽는 사람은 점점 줄고 있다. **책을 쓰기 전, 고민이 많았다. 어떤 책을 써야 할까. 내가 가장 잘할 수 있는 건 솔직함이었다. 그래서 글에 솔직함을 담으려고 노력했다. 가르치려 들지 않으려고 노력했다. 각자가 온전한 각자가 될 수 있도록 느끼고, 생각하기를 바랐다.**

인스타그램의 팔로워가 하루에 2000명씩 늘었던 적이 있었다. 내가 올린 한 게시물을 터키 사람이 공유했고, 내 계정이 많은 사람에게 알려지면서 사랑을 받았다. 평소에 40명 정도가 보던 나의 스토리는 하루 조회수가 5000명이 넘어가고, 30개 언저리였던 좋아요 수가 500개가 넘는 건 기본이었다. 요즘은 다 떠나가서 조금은 슬프지만, 그러면서 알게 된 게 있다. 일반 계정을 비즈니스 계정으로 바꿀 수 있다는 것이었다.

비즈니스 계정으로 바꾸면, 어느 나라 사람들이 내

계정에 오는지, 내 프로필을 몇 명이나 방문하는지 알수 있다. 또한 내 게시물이 어떤 사람들에게 노출되는지도 나온다. 그러기 위해서는 나의 분야를 골라야 한다. 공인, 운동선수, 작가, 모델과 같이 자신이 어떤 사람인지 다른 사람들에게 말하는 칸이다. 처음에는 공인처럼 영향력이 많은 사람이 되고 싶어 공인이라는 단어를 선택했다. 그다음에는 작가라는 이름으로 바꿨다. 얼마 지나지 않아 또 바꿨다. 지금도 그 단어는 계속 바뀌지만, 내가 예술가라는 단어를 선택한 건 다른 이유가 있었다. 내 주변 사람들은 나에게 변화를 원할 때, 나에게 변화가 필요하다는 걸 직접 느끼게 했다. 상대를 가르치고자 한다면, 가르치면 안 된다는 걸 알게 해 줬다. 사람은 스스로 변하고자 할 때, 가장 빨리 변한다는 걸 나를 보면서 느꼈다. 이 책을 쓰면서도 독자분들이 그걸 느끼게 하려고 노력했다. 많은 설명보다는 간결하게 쓰려고 했고, 많은 말보다는 한 문장이라도 독자분들 가슴에 남기려고 했다. 단 한 분이라도 그렇게 느끼셨다면, 다행이다. 정말.

신사역과 압구정역 사이에는 '유정식당'이라는 곳이 있다. 방탄소년단이 연습생 때, 자주 가던 곳이라고 한다. 그곳의 문을 열면, 일본 오사카의 한 식당에 온 것 같은 기분이 든다. 전 세계의 사람들이 다 모여 있다. 그것보다 더 재밌는 건, 흑돼지 돌솥비빔밥이라는 메뉴를 방탄 비빔밥이라고 부른다는 거다. 주문을 받을 때는 "방탄 한 개요", "방탄 세 개요"라고 말한다. 나도 유명해지면 돌솥비빔밥이 될 수 있겠지. 단골 식당 하나 만들어야겠다. "이모, 제준 김밥 하나 주세요……!"

06

단순히,
생각만 하고 싶지 않다

사진 찍는 것을 좋아한다. 사진의 참맛은 길을 걷다 우연히 가슴을 울리는 풍경과 만나는 것이다. 핑크빛 노을은 습기가 많을 때 생긴다고 한다. 나는 핑크빛 노을을 좋아한다. 길을 가다 핑크빛 하늘을 만날 땐, 그 자리에 앉아 노을을 끝까지 지켜본다. 그런데 요즘은 그럴 일이 현저히 줄어들었다. 핑크빛 하늘은 물론, 파란 하늘도 사라졌다.

수학여행으로 제주도에 갔었다. 그때 다녀온 용머리

해안이 아직도 생생하다. 산방산 앞 유채꽃 그리고 그 앞에 펼쳐진 바다의 용머리 해안은 감탄을 자아내기에 충분했다. 한창 감탄하고 있을 때 우울이 찾아왔다. 바다에 떠다니는 쓰레기 때문이었다. 많은 사람이 아름다운 풍경을 찾지만, 아름다운 풍경을 지키려는 사람은 얼마 없다. 주머니 안에 쓰레기가 있으면 불편해서 사람들 눈치를 보다 바닥에 버리는 게 습관이었다. 그때 결심했다. '이거부터 시작해야지'

실천하고자 마음먹으면 항상 흐지부지되기 일쑤였는데 이번은 조금 달랐다. 이런 마음이었던 것 같다. '다른 사람을 탓하지 않고, 나부터 잘하면 되겠지. 나와 비슷한 생각을 하는 사람이 많아질수록 세상은 더 아름다워지겠지'

요즘에는 절대 바닥에 쓰레기를 버리지 않는다. 길을 걷고 있는 사람이 바닥에 쓰레기를 버리려고 하면, 못 버리게 하고 정 안 되면 내가 줍는 편이다. 그리고 자장

면과 같은 배달음식을 시키는 곳이 플라스틱 그릇을 사용하는 곳이라면 배달을 시키지 않으려 하고, 나무젓가락은 최대한 사용하지 않으려고 노력한다. 무분별한 소비가 불필요한 환경오염을 만든다는 것을 알기에 나의 사소한 소비에도 많은 신경을 쓰고 있다. 카페도 구별해서 간다. 일회용 컵, 다회용 플라스틱 컵을 사용하는 곳은 안 가고, 비싸더라도 환경을 조금 더 생각하는 곳에 간다. 이 글은 쓰면서 인생을 참 피곤하게 살고 있음을 느낀다. 그래서 조금은 덜 피곤하고자 환경단체에 매달 기부도 하고 있다.

예전에는 물 사 먹는 걸 상상도 못 했다고 하던데, 이제는 공기를 사 먹는 날이 올 수도 있다는 이야기가 나온다. 공기와 같은 가장 기본적인 것들도 마음껏 누리지 못할 날이 올지도 모른다고. 그럴수록 나는 더 바빠진다. 단순히, 생각만 하고 싶지 않다. 생각은 생각, 거기까지인 거니까.

처음에는 나서서 행동하고 싶지 않았다. 그냥 생각만 하다가 나중에 여유가 생기면 행동하려 했다. 여유가 생기면 할 수 있을 것 같았으니까. 문득, 이런 생각이 들었다. **'내가 말하는 여유가 있을 때가 되면, 또 다른 핑계가 있지 않을까?'** 가만 보면, 항상 핑계는 많고, 그래서 못 하는 것도 많았다.

그렇게 내가 내린 정의는 지금 하지 않으면, 내일도 하지 않는다는 거다. 그런 내가 무서웠다. 그렇게 되고 싶지 않았다. 그래서 하고 있다. 돈이 부족해서 기부는 힘들 줄 알았는데 밥 몇 끼 안 먹으니까 충분했다. 일회용품 안 쓰면 못 살 것 같았지만, 조금의 불편만 감수하면 오히려 더 편하다.

대기오염, 지구온난화, 해양오염 등 환경이 망가지면서 우리는 알게 모르게 고통을 받으며 살고 있다. 멋진 풍경은 가슴을 벅차게 만든다. 나는 자연을 좋아하는 사람이다. 자연의 순수한 아름다움을 만나는 것을 사랑한다. 자연이 나에게 주는 의미는 크다. 그래서 자연을 위해 많은 것들을 하고 싶다.

항상 그럴듯한 이유는 존재한다. 지금 하지 않으면, 나중에도 하지 못할 가능성이 크다. 내가 지금 바라는 모습이 실현될지는 아무도 모른다. 내가 바라는 모습이 현실이 되었더라도 내가 생각해 왔던 것을 실천할 수 있을지도 확실하지 않다. 그래서 나는 자퇴했다. 계속 변화하고 싶었고, 계속 행동하고 있다. 앞으로도 지금, 현재를 살기 바란다. 말보다 행동이 조금이라도 앞서길 나에게 바란다.

07

적당한 부자가 아닌
엄청난 부자가 되고 싶다

요즘 친구들이 나를 부르는 별명이 몇 개 늘었다. "금수저", "등골 브레이커" 이 두 가지다. 서로 매우 상반된 단어다. 금수저는 돈이 많은 부모의 자녀를 일컫고, 등골 브레이커는 부모님의 등골을 빼먹는 철없는 사람을 말한다.

자퇴를 하기 전까지는 용돈을 규칙적으로 받아 본 적이 없었다. 필요할 때, 조금씩 받아서 쓰는 편이었다. 여러 번의 협상 끝에 얼마 전부터는 매달 규칙적으로 용돈을 받기 시작했다. 먼저, 부모님과 협의를 하기 위해 나름의 조사를 해 보았다. 〈2017년 사교육 걱정 없는 세상의 사교육 실태조사〉 자료에 의하면, 광역 단위 자사고 입시를 준비하는 중3 학생의 43%, 전국 단위 영재고, 자사고 희망 학생의 42%가 월평균 100만 원 이상의 사교육비를 쓴다. 또한 "과학고나 영재학교에 재학 중인 고1 학생은 전체 38%, 광역 단위 자사고는 전체 학생의 36%, 전국 단위 자사고는 23%, 외고, 국제고는 17%, 일반고는 14%가 월 100만 원 이상의 사교육비를 지출한다"라고 말한다.

평균이 이 정도일 것이고, 여유가 있는 사람들은 더 많은 돈을 사교육에 쓸 것이다. 이 자료를 근거로 내 용돈은 150만 원으로 결정됐다. 이 중 50만 원은 용돈으로 사용한다. 일상에서 필요한 모든 비용은 여기서 사용하고, 여행이나 비싼 돈이 들어가는 것은 부모님과 상의해서 해결한다. 나머지 100만 원은 투자 공부를 하는 동안 통장에 적립하고 있다. 요즘은 작은 매형이 알려

준 모의주식투자를 열심히 하고 있다.

부자가 되고 싶다. 적당한 부자가 아닌 엄청난 부자가 되고 싶다. 돈이 행복을 만드는 데 가장 큰 목적이 될 수 없지만, 돈 없이 행복을 논하기도 어렵다 생각한다. 나는 다른 친구들에 비해 혜택을 많이 받는 사람에 속한다. 하고 싶은 것은 할 수 있는 여유가 있고, 여러 것을 꿈꿀 수 있기 때문이다.

돈의 혜택을 알기 전에는 나에게 돈은 사치를 부리는 데 쓰는 것 그 이상, 그 이하도 아니었다. 그러나 돈으로 혜택을 받으면서, 그 전과 다른 새로운 세상을 만날 수 있었고, 돈으로 할 수 있는 것이 단순한 사치 외에도 너무나도 많음을 느꼈다. 그중 가장 많이 와 닿는 것은 배움이었다. 배우는 건 학교 공부가 다인 줄 알았는데 그게 아니었다. 세상에는 정말 배울 것이 많았고, 배움에 쓰는 돈은 또 다른 투자라는 생각이 들었다. 그리고 돈을 사랑하게 되었다. 적은 돈을 쓰더라도 돈에게 감사함을 느낀다. 그 돈 덕분에 조금이라도 편하게, 조금이라도 나은 환경을 얻게 되었으니까.

높은 집중력이 나오는 좋은 환경에 투자를 하기도 하며, 돈으로 시간을 사기도 한다. 예를 들어 미국으로 여행을 가게 되면, 비행시간이 열 시간이 넘는다. 일반석으로 가면 굉장히 불편한 비행을 하게 되어 여행의 시작이 피곤으로 물들어 버린다. 반대로, 조금 좋은 비즈니스석이나 더 좋은 퍼스트 클래스에 타게 되면 그 시간을 조금 더 효율적으로 사용할 수 있다. 조금 가격대가 있더라도 글을 쓰기 위해 한적한 곳에 있는 카페를 찾아간다. 높은 집중력은 빠르게 일을 처리하게 한다. 결국, 시간을 벌 수 있게 된다.

돈을 사랑하게 되었지만, 아직, 돈을 많이 벌어 보지는 못했다. 하지만 돈을 많이 벌려면 먼저 돈을 사랑해야 된다고 배웠다.

일이관지(一以貫之)는 하나의 이치로 모든 것을 꿰뚫

을 수 있는 경지를 말한다. 작은 돈을 쓸 때 기분 나쁘게 쓰면, 큰돈을 쓸 때도 기분 나쁘게 쓰게 된다. 내가 그랬다. 돈은 얼마나 적게 쓰느냐가 중요한 게 아니라, 어떻게 쓰느냐가 중요하다. 싼 옷은 예쁜 디자인을 자랑하지만 한 계절 이상 입기는 어렵다. 비싼 옷은 예쁜 디자인과 좋은 품질로 비교적 오랫동안 입을 수 있다. 그렇다면, 지출이 가능한 범위에서 옷 같은 경우는 최대한 품질 좋은 옷을 사는 게 이득이다.

세상에는 부자가 되고 싶어 하는 사람이 많다. 하지만 부자가 되기 위해 경제를 공부하는 사람은 드물다. 1등을 꿈꾸면서 공부는 하지 않는 것과 같다. 수영을 배우려면 목욕탕이 아닌 수영장에 가야 하는 것처럼 부자가 되기 위해서는 돈에 대해 공부해야 하지 않을까. 수영장에서 수영을 배우고 나면 거친 파도와 검푸른 바다는 그렇게 두려운 존재가 아니다.

08

톱니바퀴에게도
인생이 있다

  그분은 일본 분이셨다. 70세가 조금 넘어 보이셨다. 다양한 나이의 사람들이 만나 역사에 대해 이야기하는 포럼에서 만난 분이었다. 포럼 안의 작은 코너로 서로가 서로에게 궁금한 것을 질문하고, 답하는 시간을 가졌었다. 한국, 중국, 일본의 청춘과 청춘을 보내고 새로운 청춘 맞이한 사람들의 만남이었다.

  우리는 서로가 서로에게 어떤 의미인지 말했다. 그리고 서로에게 바라는 점을 털어놨다. 이야기가 무르익을 때, 한 분이 말씀하셨다.

"안녕하세요. 저는 일본 사람입니다. 오늘 여러 나라의 청춘들이 모인 자리에 함께할 수 있게 해 주셔서 감사합니다. 어린 청춘들에게 해 주고 싶은 말이 있냐고 물어서 손을 들었습니다. 저에게는 몇 안 되는 소중한 친구가 있습니다. 그 친구들은 다양하게 살아가고 있습니다. 그중 한 명은 톱니바퀴를 만드는 공장을 운영하고 있습니다. 친구는 공장을 유희한 공간이라고 말합니다. 유희는 즐겁게 떠들며 노는 것을 말합니다. 우리는 톱니바퀴가 딱딱 맞아떨어져야만 한다고 생각합니다. 빈틈없고, 정확해야 한다고 말이죠. 하지만 그 친구는 다르게 말했습니다. 빈틈없이 정확하게 돌아가는 톱니바퀴에도 작은 공간이 필요하다고요. 톱니바퀴, 그들에게도 유희의 공간이 필요했던 거죠. 그 공간의 크기는 중요하지 않지만, 존재 유무는 무엇보다 중요하다고 생각합니다. 우리 젊은 청춘에게도 작은 공간이 필요하다고 말하고 싶었습니다. 여러분, 많이 힘들죠? 저도 힘들어요. 나이 먹었다고 달라지는 건 없어요. 우리 같이 유희한 공간을 위해 노력해 봐요"

인생이 마치 쉴 틈 없이 돌아가는 톱니바퀴 같다고 말했다. 그동안은 몰랐다. 바쁘고 빠르게 돌아가는 톱니바퀴에도 자신만의 시간이 있었다는 것을. 그때부터 유희한 공간을 만들기 위해 노력했다. 나의 유희한 공간에서 〈증인〉이라는 영화를 봤다.

감수성이라고는 코딱지만큼도 없을 것 같지만, 난 눈물이 참 많은 사람이다. 눈물은 물론이고, 감동도 많이 받는다. 영화를 보는 내내 눈물이 흘렀다. 첫 번째 눈물은 16살 중학생으로 나오는 지우를 보고 터졌다. 지우는 자폐다. 그리고 그런 지우는 학교에서 놀림당하고, 괴롭힘 당한다. 내가 공황장애를 앓아서 그런 걸까. 그냥 슬펐다. 마음이 아팠다. 나도 모르게 주먹에 힘이 들어갔다. 영화 마지막에는 지우가 이런 말을 한다. "정상인 척하느라 힘들었어요" 일반 학교에서 일반 친구들과 시간을 보내다 특수학교로 전학 간 지우가 한 말이다. 전혀 괜찮지 않은데 무서워 죽겠는데, 정상인 척했던 내 모습이 떠올랐다.

억울한 피해자이자 슬픈 살인자인 미란을 보며, 두 번째 눈물이 흘렀다. 아들 수술비 때문에 살인을 한 미란. 도덕적으로는 잘못된 일이다. 하지만 미란의 입장에 공감이 되었다. '대체 누구를 위한 돈이며, 무엇을 위해 존재하는 돈인가?'

순호가 처한 차가운 현실에 세 번째 눈물이 나왔다. 순호 이 자식. 이 정도면, 울기 위해서 본 영화라 해도 무방하다. 순호는 변호사다. 사람도 좋고, 실력도 좋은 변호사다. 어느 날, 좋은 로펌 회사의 제안에 돈을 많이 벌 수 있는 파트너 변호사가 된다. 겉으로 보기에는 돈도 많을 것 같고, 행복해 보이는 자리다. 하지만 그 자리에 올라가기 위해 순호는 많은 것을 포기했다. 자신이 생각해 왔던 정직, 정의, 신념, 사람 등 꽤 많은 것을 놓왔다. 능력은 좋지만 힘은 없는 변호사 순호는 돈 많은, 높은 지위의 사람에게 끌려다녔다. 결국, 그는 자신이 옳다고 생각하는 곳으로 떠난다.

울기도 많이 울었다. 많은 의문도 들었다. '사람은 다 다른데 유독 병을 가진 사람들은 왜 유난히 다른 대우를 받는가?', '돈은 누구를 위해 쓰이고 있는가?', '무엇을 위해 달려가고 있지?', '돈과 신념 중 하나를 고르라면, 무엇을 골라야 할까?'

"돈과 신념 중 무엇을 선택할 것인가?" 솔직히 잘 모르겠다. 신념을 포기한 채 살고 싶지는 않다. 하지만 돈을 포기한 사람으로서도 살고 싶지 않다.

돈은 많은 편의를 주며, 많은 것들 하게 만든다. 신념은 나다움을 만들고, 온전한 나로서 살아가게 만들며, 인생을 만드는 큰 조각이다. 둘 다 포기하기 싫다. 하지만 세상은 쉽게 둘 다 가질 수 있게 허락해 줄 것 같지 않다. 일단 내일이 되면, 나랑 얘기 좀 해 봐야겠다. '네 인생에 뭐가 제일 중요하냐'라고 물어봐야지. 그러면, 인생 살기가 조금은 편해지지 않을까?

09

책으로 인생을
바꾸는 사람

"행복을 좇는 삶만큼 괴로운 것은 없다"라고 했다.

행복을 좇는 사람으로서, 동의하고 싶지 않지만 인정한다. 행복은 감정이다. 감정은 영원하지 않다. 그렇기에 행복을 좇는 삶은 순간을 좇는 삶과 똑같은 것이다. 나는 한순간이 아닌 모든 순간에 행복하려 노력한다. 사소한 것에도 감사하는 마음을 가지면, 만족감이 올라간다. 반대로 만족감이 올라가면, 감사하는 마음이 생긴다. 행복에 대한 나의 정의는 감사함이다. 나는 그게 행복이라고 생각한다. 그래서 행복한 삶을 꿈꾸는 동시에 감사한 마음을 가지며 살기를 바란다.

　독일의 시인이자 소설가 헤르만 헤세는 "행복을 주
는 책은 없다"고 했다. 나는 책 읽는 걸 좋아하고, 그 순
간들에 행복감을 느낀다. 그래서 헤르만 헤세의 생각이
궁금해졌다. **"그대에게 행복을 가져다주는 책은 없다.
그러나 책은 은밀하게 그대를 태초의 모습으로 되돌아
가게 한다. 책 속에서 자신을 발견할 수 있고, 필요한 모
든 것을 찾을 수 있다. 인간이 자연에서 거저 얻지 않고
정신으로 만들어 낸 수많은 세계 중 가장 위대한 것은
책의 세계다"** 내가 잘못했다. 역시 하나만 보고, 전부를
알려고 하면 안 된다.

　사람과의 대화는 항상 재밌다. 내가 몰랐던 이야기
를 들으며 신기해하기도 하며, 공감대가 만들어진 주제
에는 물개박수를 친다. 독서 모임에서 이야기를 나누고
있었다. 너무 신나서 물개박수도 치고 있었다. 그때, 한
분이 물어보셨다. "작가님은 책 왜 읽으세요?" 나는 책

을 읽는다고 생각하지 않는다. 대화한다고 생각한다. 책은 사람이 쓴다. 책은 사람을 담는 작은 상자다.

대화하는 것을 좋아한다. 사람과의 대화도, 책과의 대화도. 책에서 하는 대화는 어쩌면 실제로 만나는 것보다 더 깊은 이야기를 풍부하게 나눌 수 기회인지도 모르겠다. 심지어 내가 평소에 절대로 만날 수 없는 마크 저커버그, 워런 버핏을 만날 수도 있고, 아인슈타인이나 스티브 잡스처럼 돌아가신 분들을 만나 볼 수도 있다. 그래서 우리 집에는 엄청나게 유명한 분들이 많이 계신다. 내 방에만 500분이 넘게 계시는데 모두 내가 직접 찾아가서 모셔 왔다.

어렸을 때. 엄마는 책 좀 읽으라고 하셨다. 나는 책을 정말 안 읽었다. 그래서 새해 계획에는 항상 독서가 있었다. 항상 실천하지 못했다. 애초에 할 생각으로 계획에 넣은 것이 아니었다.

나는 그로부터 10년이라는 시간이 지날 때까지 책을 펼치지 않았다. 2018년 4월, 나는 집에 누워 있었다. 내 방에는 침대 하나와 옷장 하나 그리고 책장 하나가 있다. 책장에는 책이 많다. 내가 책을 좋아해서 그런 건 아니고, 20년 전부터 안 읽은 책들이 쌓이다 보니 저렇게 많아진 거다. 멍을 때리고 있었는데 책 한 권이 눈에 들어왔다. 조금 펴서, 읽어 보니까 재밌다. 학교 교육에 관한 책이었는데, 학교를 하도 싫어했던 터라 눈에 들어왔던 것 같다. 다음 날, 학교에 그 책을 가지고 갔다. 수업 시간 내내 읽었더니 하루도 안 돼서 다 읽었다. 너무 재밌었다. 내가 가지고 있던 생각이, 내가 믿어 왔던 것들이 책을 통해 깨지고, 부서지는 게 너무 좋았다. 박웅현 작가의 책 중에 이런 인용이 있다. **"우리가 읽는 책이 우리 머리를 주먹으로 한 대 쳐서 잠에서 깨우지 않는다면, 도대체 왜 우리가 그 책을 읽는 거지? 책이란 무릇, 우리 안에 있는 꽁꽁 얼어 버린 바다를 깨트리는 도끼가 아니면 안 되는 거야"** 프란츠 카프카 작가님 이런 기분이었나요?

깨달음은 이상한 기분을 느끼게 한다. 그리고 나는 그 기분을 좋아한다. 책은 단순히 깨달음만 주지 않았다. 내가 힘들어하고 있을 땐, 어떻게 헤쳐나가야 하는지 나름의 해답을 주었고 마음이 울적할 땐, 소소한 위로도 건네주었다. 건축가 유현준은 자신을 만들고, 자신을 있게 한 것은 공간이라고 했다. 지금의 나를 만든 것은 책이고, 책이 앞으로의 나를 만들 거라 생각한다. 책장에 계시는 시드니 스미스 할아버지는 말하셨다. "독서할 때 당신은 가장 좋은 친구와 함께 있습니다"

10

Happiness maketh man

이야기하기 무섭다. 나는 맞다고 생각하는데 틀렸다고 하는 사람도 많다. 내가 보기엔 많이 위험해 보이고, 보이지 않는 무언가가 우리를 가로막고 있는 것 같은데 잘 모르겠다. 그걸 구체적으로 설명할 능력이 없고, 표현할 길도 모르겠다. 인터넷 기사에 달린 댓글을 읽다 보면, 내가 가지고 있는 생각이 정상인지도 잘 모르겠다. 나도 모르게 위축된다.

작은 봉고차가 큰 소리를 내며 움직인다. 하도 소리

가 커서 지나가는 사람들도 다 쳐다보고, 차에 타고 있는 나도 가끔 놀란다. 그 좁은 차 안에는 꽤 많은 사람이 타고 있다. 우리는 산을 넘고, 또 넘는 중이다. 굉장히 가파르고 좁은 길을 올라가고 있다. 운전하고 있는 선생님의 운전 실력에 믿음이 가지 않는다. 지금 나의 시선이 내 인생의 마지막 시선이 아니기를 바란다.

우리는 작은 컨테이너 집에 도착했다. 다소 오래되었지만 온기와 물기가 남아 있는 걸 보면, 얼마 전까지는 사람의 왕래가 있었던 게 분명하다. 우리는 라디오 방송을 하고 있다. 매주 주제를 잡아 토론하고, 사람을 만나 배운다. 그리고 그것의 총집합을 라디오 방송으로 모은다. 여러 주제 중 유독 기억에 남는 게 있었다. 바로 원전이다. 배워 가는 과정은 어려웠지만, 그곳에서 만난 여러 사실은 큰 충격으로 다가왔다. 또한 서로 다른 의견을 가진 사람들과의 대화도 색다른 경험이었다. 대화와 공부를 통해 우리만의 가치관을 조심스럽게 세워 가는 과정은 참 소중한 것 같다.

원전 덕분에 송전탑에 관심이 생겼고, 그 관심에 우리는 밀양으로 현장 답사를 갔다. 그러면서 사람이 기본적으로 누려야 할 안전과 우리를 감싸고 있는 환경에 대한 고민은 깊어만 갔다. 뭔가 잘못되고 있는 것 같은데……. 이런 경험을 시작으로 나는 여러 사회 문제에 관심을 가지기 시작했다. 나는 고민이 참 많은 사람이면서 동시에 의심도 많다. 뉴스나 기사에 나오는 것도 그냥 지나가기가 어렵다. 괜히 의심하고, 고민하며 나한테 적용해 본다. 계속 질문을 던지고, 당연한 것도 다시 들춰 본다. 물론, 그 과정은 피곤하다. 나의 생각과 의견이 전부 맞다고 생각하지 않는다.

자연스레 하나로 모인다. 여러 사회 문제에 대한 의문은 계속되었고, 의문이 모여 새로운 관심이 되었다.

원전이 우리에게 주는 이점과 그렇지 않은 점을 보면서 내가 살고 있는 환경에 대해 고민했다. 내 기준으로는 많이 위태로워 보였다. 환경에 초점을 맞추고 지내다, 어느 날 바다 위 쓰레기 더미를 봤다. 자연에 관심이

05 그때 미처 하지 못한 말 |

생겼다. 미세먼지가 심해진다. 수많은 원인이 존재한다고 들었다. 그냥 있기 싫었다. 그래서 나는 나름 행동과 말을 시작했다. 다른 이에게 보이지 않는 행동부터 보이는 행동까지 실행했고, 말로서 자연에 대한 이야기를 전하기 시작했다. 그래서 나온 게 세상의 변화를 만드는 사람이 되자는 꿈이었다. 환경과 교육에 관한 것뿐만 아니라 다양한 곳에서 변화를 만드는 사람이 되고 싶다. 처음이라 잘 모르지만, 누군가를 변화시키는 것보다 누군가에게 변화의 계기를 주는 것이 쉬울 거라 생각한다.

나의 꿈은 시간에 따라 변하고 있다. 세계 여행을 하는 게 꿈이었다가, 결혼을 하는 게 꿈이었다. 한 번은 하나의 직업이 꿈이기도 했으며, 세상을 바꾸는 사람이 되는 것이 꿈이기도 했다.

그리고 이제는 세상의 변화를 만드는 사람이 되고자 한다. 누구는 미친 꿈이라며 비웃는다. 비웃으며 내가 꿈을 이루지 못할 이유를 나열하지만 내가 꿈을 이룰 이유도 많기에 신경 쓰지 않는다.

몇몇 예외를 제외하고는 영원한 건 없다고 생각한다. 죽을 것만 같았던 고통도 그렇게 오래가지 않았고, 평생 이것만 하고 살겠다 말했던 나의 꿈은 사라진 지 오래다. 고통도, 꿈도 영원하지 않고, 계속 변하고 있다. 변화의 중심에 서서 곰곰이 생각해 봤다. 꿈에 대해 아무런 생각도 없던 내가 꿈을 만들 수 있었던 건 무엇 때문이었을까.

수많은 이유가 있었을 것이다. 그중 가장 큰 이유로, 사람을 골랐다. 사람과 대화를 하며, 사람이 만든 영상을 보며, 사람이 만든 물건을 보며 생각했다. 그 생각들을 다듬고, 예쁘게 가꿔 갔다. 아마 사람들과의 굵직굵직한 만남이 없었다면, 나의 꿈은 물론이고, 아예 다른 사람이 되어 있지 않았을까? 나의 관심은 사람과 세상을 향해 있었다. 관심을 가지고 흘러오다 보니, 청춘의 문화를 만든 작가가 되어 있었다. 누군가와 함께한 경험은 신선한 관심을 생성한다. 관심은 생각을 만들고, 생각은 행동을 바꾼다. 그 행동들은 차곡차곡 쌓여 나를 새로운 사람으로 만들었다.